LE CARCERI RUSSE

VERA FIGNER

UNA DONNA RUSSA: VERA FIGNER

Nell'ottobre del 1904 la Russia democratica e socialista fu commossa dalla notizia che tre famosi rivoluzionari, rinchiusi nella terribile fortezza dello Schlusselburg durante venti lunghissimi anni, erano stati rilasciati per essere esiliati in luogo di pena ove men dura fosse la loro prigionia.

Una simile notizia non poteva passare inosservata e senza commuovere profondamente tutta quanta la Russia liberale. Essa aveva ben ragione di stupirsi! I suoi numerosi figli, sepolti vivi in quella tetra e spaventosa fortezza dello Schlusselburg, ove, sola, la morte aleggia sinistramente, erano esseri considerati perduti per sempre; esseri infelici che non avrebbero più veduto la luce del sole; che giammai avrebbero goduto ancora una volta del dolcissimo e delizioso piacere della libertà!

Oh! la libertà! Questo caro nome che tutti i condannati hanno cento volte al giorno sulle labbra, da loro benedetto ed accarezzato colla mente per anni ed anni, sempre uguali, sempre monotoni, sempre crudeli; questo afrodisiaco nome femminile che assume per essi un simbolico valore trascendente, infinito, proiettantesi sulla non bella non brutta, per loro piuttosto brutta che bella realtà delle cose, racchiudenti in sè, malgrado tutto, l'unica speranza o l'ultima illusione per coloro che forse potranno ancora un giorno mescolarsi al turbinio palpitante della vita multiforme e varia; questo caro nome, realtà e sogno, maravigliosa figura di donna dal dolce sorriso misterioso, e terribile mostro dalle cento teste; visione di conforto e di disperazione; la libertà infine, mèta di ogni individualità cui la mente e il cuore spingono all'azione, all'estrinsecazione della vita, magnifica espressione umana in quanto è bellezza, è forza, è lotta, era un'ironia atroce per coloro, che vittime di un infame taglione, venivano murati vivi nella famigerata fortezza ove, a quell'epoca erano rinchiuse per sempre le più belle speranze della rivoluzione russa, gli eroimartiri lasciati languire dimenticati dal popolo ingrato e impotente, senza poter comunicare cogli umani, nè una parola, nè un gemito, nè un desiderio! Non soltanto. Questi brandelli doloranti di una imperitura idealità di giustizia, che avevano fatto gettito della loro vita esuberante e piena di promesse, per affermare, in cospetto al mondo, anche con santa violenza, la bontà della causa da loro difesa strenuamente sino all'ultimo, senza viltà nè rinuncie; questi esseri pieni di poesia umanitaria proclamanti la invincibile solidarietà delle creature viventi; esseri che non avrebbero ucciso un uccellino nè torturato un povero cane e avrebbero pianto lacrime dolorose sulle loro umili sventure, ma che pur avevano dovuto prender le armi per combattere la tirannia; questi sconosciuti e sublimi compagni nostri, avevano dovuto sopportare la più atroce punizione: quella di non poter effondere le loro lacrime, i loro dolori, i loro sconforti nell'intimità vivificatrice della madre, ritemprandosi in una stretta e nello sguardo coraggioso del vecchio padre cadente o nel bacio straziante della donna amata, che poi lontana, nelle sconsolate solitudini del proprio io, quando più l'anima sua sarà sola con se stessa e si specchierà per distruggersi poco a poco nel proprio dolore, i più dilaceranti incubi dell'irreparabile perdita giungeranno ad ottenebrarle la ragione.

La fortezza dello Schlusselburg va tristemente famosa per il gran numero di condannati che ammalarono gravemente, o si suicidarono, o soccombettero vittime di malattie infettive contratte durante un brevissimo periodo di prigionia.

Essere condannati a venti anni di segregazione cellulare, è praticamente lo stesso che essere sepolti vivi per sempre; è una lenta, inenarrabile agonia, alla quale è quasi impossibile poter resistere.

Se per un vero miracolo qualcuno riesce a sopravvivere alle intense ed inimmaginabili torture, lasciando la prigione infame ove trascorse gli anni più belli della sua vita, sarà soltanto per uscirne cadavere vivente. Le membra disfatte, la mente assopita, saranno un troppo palese e pietoso spettacolo del naufragio di un essere umano, per quanto vigoroso e forte fosse stato al suo entrare in prigione.

Perciò è sempre un avvenimento straordinario quello di veder uscire dalla fossa, ove erano stati gettati vivi, dei condannati i quali avevano perduto assolutamente qualsiasi speranza di ritrovarsi liberi ancora una volta.

I tre famosi rivoluzionari liberati erano: Morosof, Lopatine, e Vera Figner della quale diamo qui, umilmente ed incompleta, l'interessantissima biografia, sì caratteristica e rimarchevole per la stupenda umanità femminile, rappresentante un lembo tragico di storia e di psicologia russa.

La vita della Vera Figner, l'eroina dello Schlusselburg, comincia in un ambiente aristocratico e militare, traendo essa le sue origini da una nobile ed antica famiglia russa. Il suo nonno era stato uno dei famosi generali del 1812.

I suoi genitori vivevano nell'agiatezza, nei loro possedimenti della provincia di Kazan. Sin dalla più tenera età Vera ricevè un'educazione capace di farla apprezzare nei salotti della più alta società aristocratica. Era una bella giovane; non le mancavano quelle doti di spirito, di spigliatezza e di talento che rendono una donna sì ricercata e assiduamente corteggiata. Il suo gran fascino personale, il carattere suo, buono e socievole, la posizione indipendente della famiglia, sembravano riserbarle una vita che le avrebbe arrecato dolcezze e sorrisi, promettendole un tranquillo e brillante avvenire.

Pure, dopo lunghe e profonde meditazioni, dopo esser passata attraverso la viacrucis sentimentale delle supreme risoluzioni dell'anima, che per talune persone, sono una lotta trionfante e dolorosissima su se stessi, volsero definitivamente la giovanissima Vera per altro sentiero.

Non è cosa facile, per un non russo specialmente, analizzare sintetizzandola, la figura di questa donna russa, che dall'aristocrazia passa dopo lente e mature riflessioni interiori alla causa del popolo e si dedica esclusivamente a questa per gettare in faccia agli oppressori e ai despoti, il grido di dolore di milioni di individui, ancora aspettanti, la loro redenzione finale.

Chi conosce la donna russa, essere assolutamente differente per temperamento e per aspirazioni, dalle donne degli altri paesi, non si stupisce certo di vedere un'aristocratica ed una intellettuale salire sino al popolo e con uno slancio maraviglioso di tutto il suo essere, abbandonare per sempre le gioie della vita, rinunciando anche, a costo della morte dell'anima, a vecchie amicizie e carissime parentele, troncando ogni rapporto con quella società di cui si è divenuti implacabili nemici.

La storia del martirologio russo è incorniciato da splendide figure di donne sublimi, che al pensiero dei mali e delle feroci ingiustizie della tirannia unirono un'azione rivoluzionaria, concorde, intelligente e sagace, nei momenti più terribili della lotta, quando la corda e l'ignominia pendevano come spada di Damocle sulla testa dei cospiratori delle nuove libertà.

Saranno le martiri delle prigioni di Kara, descritte da Leo Deutsch nel suo libro indimenticabile «Sedici anni in Siberia»: Nadezhda Smirnitskaia, Hadezhda Sigida, Maria Kovalevskaia, Elisabetta Kovalskaia, Sofia Bogomoletz, Anna Korba; e Caterina Breshkovskaia, vivente ancora, che i rivoluzionari russi adorano e chiamano «la nonna della rivoluzione» (Baboushka); e poi ancora Sofia Bardina, le sorelle Lubatovitch, Sofia Perovskaia, condannata a morte ed impiccata il 15 aprile 1881 per aver preso parte principale al complotto contro Alessandro II giustiziato il 1. marzo dello stesso anno da Risakoff, Grinevetsky, Zheliahoff, Kibaltschich e Mikhailoff.

Ricordiamo ancora Zinaida Vasilievna Konopliannikova maestra di scuola, impiccata l'11 settembrre 1906 per aver ucciso il generale Min, uno dei più feroci e reazionari poliziotti di Nicola II, l'«eroe» delle famose giornate repressive di Mosca... La sublime Maria Spiridonova, colei che uccise

Lugenovsky, vice governatore di Tamboff, il feroce assassino dei contadini, contro i quali egli organizzò nel 1905 le famigerate «spedizione militari di punizione». Erano dei treni blindati, ricolmi di soldati, che ad ogni fermata cospargevano il suolo di centinaia di cadaveri sventrati a colpi di baionetta.... Ed ancora colla Spiridonova, ricordiamo le sue eroiche compagne di martirio, rinchiuse nella prigione di Akatui, in Siberia: K. Fialka, A. Izmailovitch, A. Bitzenko, A. Ezersky, M. Shkoenik, e cento altre, tutte maravigliose combattenti per la santa causa liberatrice, di cui mi sfugge il nome.

La vita della Vera Figner è una pagina gloriosa di storia russa, che i rivoluzionari di tutti i paesi non possono e non debbono dimenticare, se vogliono comprendere tutto il valore politico, economico e sociale di una rivoluzione, che per quanto divenga di giorno in giorno più cruenta ed omogenea, essa è ancora allo stato di «ebauche», con tutte le illusioni ed i tentativi che ogni movimento sociale non completamente vittorioso, comportano.

Quanti fiumi di sangue furono versati per la causa santa della libertà del popolo russo e, ahimè! quante vittime ancora, inghiottirà nelle sue fauci voracissime, quella lupa giammai satolla, i cui artigli poderosi solo la iena napoleonica poteva mozzare! Quando nella nostra mente cerchiamo di rappresentarci le schiere di martiri, affiliate alla «Narodnaya Volya» la potente organizzazione di combattimento del popolo russo, forse la più formidabile organizzazione rivoluzionaria che sia esistita; quando col pensiero doloroso, riandiamo commossi i tempi obliati e sanguigni in cui, pallide fatali teorie di eroimartiri, ascendevano con balda fierezza il Golgota supremo e terribile, in cima al quale la vita e la morte avrebbero lottato un istante disperatamente, tra guizzi di corda e rantoli soffocati, sino a che l'ultimo gemito, era anche l'ultima imprecazione contro l'odioso regime ed un vaticinio di giustizia che le generazioni future avrebbero raccolto quale retaggio prezioso, oh, solo allora ci è dato intendere tutto l'alto valore del sacrificio da loro compiuto sull'altare della verità. Solo allora ci sentiamo invasi da raccapriccio e da spavento, considerando il baratro profondo che ci separa da loro.

Perchè sì, la nostra anima moderna, abituata ed incapace di sottrarsi alle influenze dell'ambiente, il nostro abito mentale stesso, la critica che applichiamo alle azioni degli uomini e ai loro egoismi animaleschi, tutte quante le piccole volgarità della vita ci hanno impedito di volgere i nostri occhi verso sublimità e sacrifici sconosciuti. Non che gl'ideali siano morti in noi. Soltanto essi hanno dovuto passare attraverso il setaccio di tutte le cose pratiche e turbinose che urgono sulle nostre scettiche esistenze, costrette a sacrificare il sogno idealistico alla realtà quotidiana della vita, – invece di compenetrare quello in questa – e nella quale vi specchiamo dentro con sussiego la nostra animuccia di cartapesta, maravigliandoci poi se l'immagine riflessa assume degenerazioni e viltà inconfessabili. La nostra cultura stessa sembra fatta apposta per farci compiacere di un certo machiavellismo rivoluzionario, sonnacchioso e pur vigile della nostra pelle, alla quale diamo una importanza eccezionale che ci fa smarrire le alte cime. Pochi esseri d'eccezione vivono oggi d'ideale assoluto e quei pochi sono tenuti in conto di maniaci visionari o.... semplicemente passano per degl'imbecilli. Siamo quasi tutti ridotti ai piccoli espedienti del giorno, agli opportunismi vergognosi, patteggiamo coi nostri nemici dopo aver patteggiato colla nostra coscienza avvilita e consunta.

Volgiamo, per ritemprarci, uno sguardo verso la Russia lontana e sconsolata! È di laggiù che ci giunge il più forte grido di dolore dei fratelli agonizzanti. Soltanto essi non gridano Ave Caesar, morituri te salutant, e nessun pollice verso dell'opinione pubblica europea è riuscito a strappare ancora una vittima, una vittima sola all'ignobile governo autocratico, anacronismo vivente in pieno secolo XX.

La storia del martirologio russo, che non sarà mai scritta tanto è immensa e vasta, rappresenta una tappa della civiltà che vuole liberarsi dalla barbarie, ed è simile a tutti i martirii delle epoche passate.

Per bellezza e grandezza di sacrificio e per il grado di sensibilità, infinitamente superiore, che lentamente i secoli hanno accumulato su noi moderni, il martirologio russo è paragonabile soltanto alle più belle pagine della storia dei martiri cristiani, dilaniati sull'arena dalle belve inferocite. La storia della grande Roma imperiale, il prototipo classico di una superiore «civiltà» barbarica in azione, che troppo compiacentemente e troppo spesso noi ricordiamo ed ammiriamo quasi fosse soltanto un vanto essere i discendenti di quegli antichi spogliatori a mano armata sotto la cui dominazione i popoli languirono nella più obbrobriosa schiavitù, costretti ad assimilare per forza, lingua costumi ed istituzioni, che per quanto grandiose esse ci appaiano ancor oggi, furono basate unicamente sulla rapina ed il saccheggio; sul «diritto» del più forte, diritto codificato da filosofi e giuristi insigni, vanto e onore della «civiltà» universale che ha ancora per base l'ineguaglianza di classe e lo sfruttamento individuale; tutte le truci e tenebrose vicende di questo impero latino sono una spaventosa storia di fuoco, di sangue e di morte. In un tale ambiente di odio, di guerra e di rapine, ove l'uomo era un semplice trastullo nelle mani di pochi despoti «raffinati» e perversi e la vita stessa impallidiva dinanzi alla grandiosità euritmica della Dea Morte, comprendiamo maledicenti, anche le stragi cristiane. Non oggi però, dopo almeno venti secoli d'incivilimento progressivo dovremmo assistere in Europa a degli spettacoli di più raffinata barbarie di quelli consumati dagli imperatori romani sui miseri corpi dei mistici cristiani.

Non vorremmo fare qui dei paralleli speciosi e fuori di luogo, pure non possiamo esimerci dal notare che uno dei principali caratteri differenziatori tra le epoche antiche e le moderne, consiste appunto nel gran valore che la vita ha assunto in queste e come l'evoluzione educhi sempre più i nostri sensi – ahimè troppo limitati, – verso orizzonti di perfezione e di gioia umana, prima sconosciuti all'individuo, annichilito da menzogneri dettami religiosi ed ultraterreni.

Ecco perchè non crediamo esagerare additando all'Europa assente, mezzo secolo d'ininterrotto martirologio russo, più umano, più vero, e più impressionante per la sua contemporaneità, di tutte le ferocie del passato.

La storia della Russia antica e moderna, è là a dimostrarci che i suoi imperatori non hanno ereditato meno ferocia dei loro antecessori scettrati.

Caterina, l'«amica» di Voltaire, Alessandro II, Alessandro III e Nicola II vanno tutti tristemente famosi per le torture segrete fatte subire ai loro nemici. In Europa, dopo Abdul Hamid e Francesco Giuseppe – ricordiamo riverenti con animo internazionalistico i martiri italiani – Nicola II impersonifica ancora un passato lugubre che vorremmo fosse disperso e dimenticato per sempre.

I martirï di Maria Spiridonova, sono di un'efferatezza inenarrabile, eppure l'Europa non ebbe il coraggio di domandare la testa dei carnefici responsabili. Le celle segrete di Riga, ove le carni dei condannati venivano abbruciacchiate nel 1905906 e 907 con tizzoni ardenti; certi ferri di tortura, i famosi anelli schiaccianti il cervello della vittima sì che gli occhi uscivano letteralmente fuori delle orbite; il sale e l'aceto sulle ferite sanguinolenti; le violenze dei cosacchi e degli ufficiali sui corpi immacolati; lo knout applicato cento, duecento volte di seguito sui prigionieri politici; i treni di punizione; le ignominie dei soldati sui vecchi inermi e sui fanciulli; i pogrom contro milioni di ebrei, non sono fatti questi che gridano vendetta e inorridiscono gli animi? Non dite che esageriamo: la realtà è così mostruosa in Russia, che esagerare sarebbe rimpicciolire la verità. Voi direte che adesso la Russia si è messa al rango delle nazioni «costituzionaliste» e che fatti simili a quelli sopra elencati non avvengono più. Ma intanto noi vi diciamo che l'ignobile finzione costituzionalista è una spudorata menzogna; che giammai in Russia vi fu una costituzione; se mai, tutt'al più adesso vi è una costituzione di becchini legiferanti il miglior modo di sotterrare in silenzio un popolo pieno di energie che vuole conquistarsi il diritto di vivere, e cooperare al progresso umano. Ogni giorno, avvengono in Russia fatti raccapriccianti. È di ieri l'appello all'Europa dei prigionieri politici della prigione di Pskov; sono di ieri le fucilazioni in massa degli operai delle miniere della Lena....

Giorni sono furono fucilati tre soldati innocenti e la repressione della rivolta militare di Sebastopoli fu ferocissima, inumana.... Ogni giorno, verso le quattro del mattino, cinque, sei, dieci vittime cadono, silenziosamente per mano del carnefice, nel nodo scorsoio fatale della «giustizia russa».

Non è dunque poi tanto vero che esiste una civiltà europea, se questa, permette il ripetersi di sacrifici sì atroci, che sono come una scudisciata in faccia al mondo ed una offesa verso la dignità umana!

Mentre le scienze, la filosofia, le arti si sono sviluppate in modo prodigioso, l'uomo è rimasto lo stesso troglodita di una volta, con l'accusante, che certe acquiescenze, oggi, non dovrebbero essere più possibili. La storia della rivoluzione russa, è un poco la storia del sentimento umanitario mondiale ed europeo. Con questo vogliamo affermare soltanto e ribadire il concetto che non siamo in piena civiltà, – come vogliono farcelo credere certi filosofi positivisti di nostra conoscenza, – se abbiamo potuto assistere, senza rivoltarci, al martirio dei nostri fratelli russi; se possiamo ogni giorno tollerare l'ingiustizia di una guerra ignobile, le impiccagioni dei poveri arabi di Tripoli, la pena di morte legale in Francia, Inghilterra, Germania ed Austria.... le atrocità congolesi e indiane e il regime borghese internazionale, la massima istituzione «barbarica» dell'epoca. Il secolo XX è forse l'ultimo od uno degli ultimi secoli barbari della storia. Noi siamo ancora nella preistoria dei tempi, checchè ne dicano scienziati e filosofi, e per quanto la coltura, i mezzi di produzione e di scambio siano enormemente aumentati, dobbiamo riconoscere che l'uomo è, e sarà ancora la belva più feroce sino a che sotto la ferula delle necessità della vita, egli non si sarà spogliato dei suoi numerosi tiranni, per dedicarsi al compimento d'ideali di fraternità e di giustizia, che malgrado tutto crediamo siano suscettibili della sua natura, traviata sino ad oggi dalla schiavitù dei secoli passati.

* * *

Le umili considerazioni personali che il sottoscritto ha voluto tracciare prima di tessere per esteso la biografia della Vera Figner, la quale nel movimento di emancipazione del popolo russo, ha un'importanza grandissima e speciale, hanno lo scopo di far risaltare la grande unità di un movimento sociale di incalcolabile valore storico che a noi non è dato valutare esattamente; unità il cui risalto è dato appunto dalle gesta dei singoli eroi, attori coscienti di un dramma grandioso e diverso. E come in una serra odorosa, la sintesi dei toni, dei colori e dei profumi è data da una individualità di fiori svariati e magnifici armonizzantisi e dominati dai più belli e olezzanti, così per immedesimarsi colla rivoluzione russa è d'uopo cogliere le gemme più belle di essa e viverne intensamente le vicende tragiche, dolorose e particolari.

Verso il 1870, Alessandro II. fu l'istigatore di una feroce reazione poliziesca in tutto l'impero; la stampa ebbe a subire persecuzioni su persecuzioni, ferocissime; gli zemstvo (comuni) furono sciolti vergognosamente; l'esilio amministrativo, infine, venne allargato in modo allarmante.

Fu allora che molti spiriti illuminati della nuova generazione, stanchi della frivolezza della società nella quale vivevano, ed anche, nauseati ed afflitti per l'apatia e debolezza della maggior parte dei così detti «liberali» rivolsero la loro attività in mezzo al popolo sprofondato nell'ignoranza e nella miseria più desolante. Facevano capolino in Russia giusto in quel tempo le dottrine socialiste e collettiviste; esse ebbero un'influenza grandissima ed affascinante tra gl'intellettuali russi, trascinando in breve dietro le loro onde travolgenti, i più nobili ed entusiastici elementi delle nuove generazioni.

In quel tempo Vera Figner era troppo giovane per prender parte attivissima al movimento di emancipazione del popolo russo; pure quando nel 1872 essa studiando le scienze naturali a Zurigo insieme alla sorella, venne in contatto con parecchi pensatori russi d'idee avanzate i quali riunitisi in gruppo professavano chi le teorie anarchiche di Bakounine e chi le teorie socialiste di Lavroff, essa quantunque non si fosse ancora decisa a far parte di nessun gruppo politico, decise di aspettare, interessandosi però vivamente alle loro animate discussioni.

Verso il 1873 una gran parte dei giovani riformatori, che con lena sempre crescente perseguivano in mezzo al popolo la propaganda delle teorie socialiste, furono arrestati improvvisamente e gettati in un fondo di prigione. Erano i primi effetti della lotta decisiva iniziata contro l'autocrazia russa.

Fra gli arrestati eranvi la sorella maggiore di Vera Figner, Lidia; Sofia Bardina, la signorina Liubvatovitch ed altri molti.

Parecchi di essi dovendo scontare tre o quattro anni di prigione ammalarono gravemente o si suicidarono. Gli amici ed i protettori degli arrestati formarono allora una società per venir loro in aiuto e fornirli, nei limiti del possibile, di tutto ciò che abbisognavano.

Le difficoltà dell'impresa furono grandissime; anzitutto perchè dovevansi raccogliere somme fortissime per bastare a più di cento prigionieri, e poi anche per il fatto che i denari oltre ad essere racimolati segretamente dovevano essere rimessi ai condannati di soppiatto.

Il governo russo aveva concesso soltanto ai parenti più prossimi di venir in aiuto ai loro cari, ma in misura così derisoria da obbligare gli amici a sopperire quasi sempre a tutte le spese.

Fu una fatica quasi incredibile; fu una pena di tutti i giorni durante i quali l'ispirazione, il tatto e gli espedienti dovevano essere calcolati scrupolosamente ed a sangue freddo onde escogitare i mezzi migliori per consegnare in mani sicure i denari destinati agli amici carcerati.

Vera Figner si dedicò con successo e ardore incredibili a questa impresa improba e pericolosa e fu quasi sempre più fortunata degli altri nel sorpassare vittoriosamente le più ardue difficoltà.

Il suo fascino personale irresistibile, la forza di carattere, l'abilità meravigliosa al lavoro e l'influenza grandissima che essa esercitava persino tra i secondini, le permisero di ottenere dei colloqui con un gran numero di prigionieri.

Parecchi anni passarono così, in questo strenuo e penoso lavoro; furono anni di lotta e di lente agonie i quali s'impressero indelebilmente sull'anima umanitaria della futura martire.

Le infinite sofferenze degli oppressi, che essa ebbe agio di conoscere troppo intensamente per non esserne commossa sino in fondo all'anima, ed infine i barbari metodi repressivi del governo russo finirono per decidere Vera Figner a militare per sempre nelle file del partito rivoluzionario.

Nel 1877 dopo aver accompagnato sua sorella Lidia in Siberia, Vera dedicò completamente la sua vita alla causa santa della libertà.

Avendo conseguito i diplomi necessari, abbracciò la professione di assistente chirurgica e con altri intrepidi compagni, portò tra il popolo, infaticabile, ed eroica, le doti preziose della sua capacità, senza mai tralasciare un momento la propaganda rivoluzionaria intrapresa con fede e tenacia senza pari.

La vita della Vera Figner divenne ben presto difficilissima e romanzesca. Il governo russo la dichiarò «illegale » cosicchè essa fu costretta a vivere con un passaporto falso, cambiando spesso dimora per non cadere nelle mani della polizia.

Nel 1879 si unì all'organizzazione «Zemlya i Volya» – Terra e Libertà – ed al congresso di Voronez sostenne la necessità di un'intesa fra i propagandisti rivoluzionari e le sezioni terroriste. Quando però la separazione di quest'ultime dal partito «Zemlya i Volya» divenne assolutamente inevitabile, Vera Figner si schierò decisamente col partito d'azione «la Volontà del Popolo» – la Narodnaya Volya – e per tutto il tempo della sua vita durante il quale fu libera, si dedicò con devozione ed entusiasmo ad un'intensissima opera di propaganda rivoluzionaria fra il popolo.

Fu sopratutto nel periodo che va dal 1879 al 1883 che Vera effettuò, con non mai diminuita lena ed energia, un lavoro veramente colossale.

Nelle accuse ufficiali contro di lei si legge persino che essa fu coinvolta in tutti i progetti d'attentati contro la vita dello Czar Alessandro II.

Questo fu il periodo terribile della reazione russa, quando uno dopo l'altro i rivoluzionari Doubrovine, Osinsky, Branntner, Sviridenko, Solovief, Lizogoub e molti altri pagarono colla vita il sogno eroico della loro esistenza.

Essi furono tutti impiccati ed il partito rivoluzionario decise allora, di punire colla morte, l'infame assassino del popolo.

Vera aveva iniziative e capacità tutte speciali di organizzazione che la rendevano quanto mai preziosa al partito. Essa rese ad esso segnalati servizi, promovendo per la prima ed introducendo tra i metodi di lotta rivoluzionaria che il suo partito aveva adottato, la propaganda antimilitarista o semplicemente rivoluzionaria nell'esercito, affermando essa, e con ragione, che il militarismo è il primo e l'ultimo puntello di qualsiasi governo o tirannia.

L'ardente eloquenza di questa donna russa, emblema di energia e di fede poco comuni, era quasi sempre coronata da successo; il suo tatto estremo nel sapere risvegliare spesso in un ufficiale dell'esercito, un cittadino di sentimenti umanitari, le aveva cattivato simpatie dappertutto, in sfere sempre più ampie della società.

Essa impose anche ai propri nemici il rispetto verso le sue idee. L'influenza grandissima che essa sapeva esercitare e dirigere con maestrìa insuperabile, confuse spesso i più acerrimi e implacabili aguzzini del popolo russo, i quali avrebbero salutato con gioia frenetica la morte della donna invitta, «cavalier senza macchia e senza paura».

Il famoso scrittore russo N. Mikhailowsky, che scrisse un frammento eloquente e caratteristico su l'eroica Vera, dice di lei: «È difficile sapere in che cosa consistano esattamente la forza ed il fascino speciali emananti dalla sua persona, sì da attrarre a lei un sì gran stuolo di adepti e di ammiratori.

«Essa era senza dubbio intelligentissima e di vezzoso aspetto, ma nè l'intelligenza, nè la bellezza potevano valer sempre nell'ambiente in cui essa operava, ambiente di odii e di vendette implacabili.

«Il suo fascino misterioso proveniva in gran parte dalla grande armonia ed unità spirituale del suo essere.

«La sua interezza appariva in ogni sua opera, in ogni gesto; esitazione e dubbio le erano assolutamente sconosciuti. Essa era priva, con tutto ciò di quell'austerità quasi ascetica tanto spesso osservata in caratteri dello stesso genere.

«Al contrario quando gli «affari» del partito andavano bene, essa era gaia e spensierata come una bambina.»

Vera Figner fu obbligata dagli avvenimenti – come risulta anche dallo stesso Mikhailovsky – a partecipare a certe trattative segrete, di somma importanza, ed ancora ben poco note, che il governo russo aveva avviato col partito rivoluzionario.

Questo fatto straordinario avvenne prima dell'incoronazione di Alessandro III, in un momento in cui il governo russo temeva qualche sorpresa sinistra ed ogni sorta d'attacchi terroristi in occasione della cerimonia imperiale.

Per scongiurare una simile eventualità, i rivoluzionari furono a tal uopo avvicinati ed ebbero assicurazioni formali (!) che lo Czar era favorevole alle richieste di una costituzione, a patto però che i rivoluzionari s'impegnassero in modo assoluto ad abbandonare l'opera terrorista, poichè egli non voleva aver l'aria d'intraprendere una politica liberale sotto la ferula delle minacce terroriste.

Ora il fatto sta che in quel momento il partito rivoluzionario praticamente era quasi annichilito e come non esistente, perchè la maggior parte dei suoi membri si trovavano in prigione e gli altri erano stati tutti quanti impiccati!

Delle personalità influenti del partito, solo Vera Figner era ancora in libertà, se può chiamarsi libertà quella di essere braccati dalla polizia, perseguitati ovunque e costretti a vivere alla macchia, per non cadere nelle mani dei carnefici. Come vorremmo lumeggiare le vicende tragiche di questa lotta terribile d'ogni giorno e d'ogni ora, lotta epica e romanzesca quanto mai appassionante, se la rara modestia dell'eroica compagna nostra, non c'imponesse un doveroso riserbo!

A questo punto troviamo Vera rifugiata a Kharkoff. Il governo russo, assolutamente ignaro delle pietose condizioni del partito rivoluzionario, immaginava trepidando ogni sorta di complotti e di attacchi terroristi.

Fu allora che Mikailowsky partì per Kharkoff colla missione delicata di consultare Vera Figner.

Fu convenuto in linea di massima di accettare favorevolmente le promesse del governo russo e per cominciare il partito rivoluzionario si limitò a chiedere in «acconto» la liberazione di Tchernichevsky, celebre scrittore russo, e un radicale miglioramento delle terribili condizioni dei condannati politici di Kara.

Il partito rivoluzionario attese invano la liberazione di Tchernichevsky, e ahimé, in quanto ai condannati politici di Kara essi continuarono a languire sotto la ferocia dei loro martirizzatori!

Il giorno dell'incoronazione del «liberale» imperatore Alessandro III passò senza incidenti e dall'ora in poi più non si sentì parlare di «costituzione»....

Oggi invece, la Russia, dopo la rivoluzione del 1905 «gode» di una «costituzione liberale» burletta ed il suo imperatore, Czar e tiranno, ha l'impudicizia di chiamarsi «parlamentarista» nonchè autocrate assoluto di tutte le Russie!

Oggi come ieri, oggi più di ieri i martiri russi – ben 8000 furono dal 1904 ad oggi le vittime «legali» della «giustizia» e del capestro! – salgono il calvario doloroso per immolarsi sull'altare insanguinato della libertà del popolo.

Passiamo oltre.... sui ricorsi storici!...

Mikhailowsky ebbe a notare in seguito che l'unica sua consolazione fu quella di essere sempre stato convinto che durante il regno di Alessandro III, giammai la sua sventurata patria avrebbe ottenuto riforme capaci di farla annoverare tra le nazioni politicamente progredite.

Infine Vera Figner doveva cader vittima della sua lealtà e fiducia verso gli altri.

Tradita dall'ignobile Degaieff, membro del partito rivoluzionario, il quale per salvare se stesso svelò alla polizia i nomi di tutti i compagni, Vera Figner insieme con altri fratelli di lotta fu arrestata e condotta in prigione. Processata nel 1884 e condannata a morte, la pena le venne commutata in venti anni di segregazione cellulare da scontarsi nella terribile fortezza dello Schlusselburg.

Il giorno del suo processo rimarrà memorabile negli annali della storia rivoluzionaria russa. In presenza dei suoi giudici, Vera rimase impassibile e dignitosa: Persino i giurati ed i carcerieri, manifestarono durante il processo, un istintivo rispetto per la grandezza morale della loro vittima.

L'iniqua sentenza suonò agli orecchi stessi degli aguzzini come la predizione nefasta dell'inevitabile rovine del sistema da loro difeso.

Vera Figner apparve al processo non come un vinto accusato dai suoi giudici, ma come un trionfatore le cui idee di bontà e di giustizia sociale inchiodavano alla gogna con fuoco e con veemenza senza pari coloro che dovevano farla languire venti anni nella più terribile fortezza russa.

Descrivere le sofferenze infinite che l'eroica martire ebbe a patire nella tetra prigione dello Schlusselburg è riaprire una ferita sanguinosissima nel cuore di colei che ancor oggi soffre e spera per la causa, in un angolo di terra ospitale.

Solo dirò che per tutto il tempo della sua prigionia, Vera non si inchinò mai dinanzi ai suoi martirizzatori, restando fiera e diritta, sempre.

Ed è questo il massimo elogio a cui possa ambire una persona che tutto offrì alla patria infelice ed all'umanità, senza chiederle altro che un poco di riposo e d'oblio fecondi di opere e di pensieri.

Nella fortezza dello Schlusselburg, Vera Figner contrasse i dolori reumatici e lo scorbuto; coloro che ebbero occasione di visitarla in prigione, descrivevano commossi lo stato della sua salute, rovinata per sempre. Solo una gran fede ed una maravigliosa resistenza, potevano restituire alla libertà un essere che il barbaro governo russo aveva destinato ad una morte lenta e perfida sul gelido giaciglio d'una orribile e famigerata prigione.

I genitori della Vera Figner supplicarono più volte il governo russo di averla vicina a loro per poterle prodigare più spesso le cure necessarie alla sua salute malandata, ma esso invece, con raffinata crudeltà volle infierire ancora di più sulla sua preda, confinandola in un remoto villaggio del governo di Archangel nella regione artica.

Durante la sua lunga e tragica prigionia, nella solitudine della cella appena rischiarata da un debole spiraglio di luce, Vera Figner compose poesie e poemi, unico conforto di un'anima lacerata dal dolore e dalle sofferenze. I suoi lavori furono pubblicati su riviste e giornali letterari ed ultimamente la casa editrice «La Liberazione» di Pietroburgo ha raccolto in volume i poemi composti nei momenti di più nero sconforto.

Sono accenti patetici, sono visioni di libertà, sono la analisi sincera e profonda di un'anima agonizzante in un fondo di prigione, lontana da tutti e pur palpitante pei mali dei suoi fratelli. I tre poemi «I migliori sono caduti», «Mia Madre» e «Le rose di mia sorella» rappresentano tutta la tragedia di un'anima che non si esprime con viete formule d'arte, ma si confessa e si dipinge qual'è nel momento del più intenso sentire. I poemi della Vera Figner sono perciò opera d'arte pura e di alta poesia; alcuni di essi poi sono perfetti per fattezza e contenuto: tutti hanno un'armonia ed un «pathos» speciali, che valgono a porre la Vera Figner tra i veri poeti della sua patria derelitta.

Oh! se la nostra lingua dolcissima e perfetta potesse avere tradotte da un nostro poeta di valore le «Elegie dello Schlusselhurg», di quale indicibile commozione le nostre anime palpiterebbero, leggendo le strofe dedicate alla madre lontana, quando prega i compagni di recare ad essa, «la più sublime» in nome di tutto ciò che àvvi di più sacro nella vita, il suo messaggio d'amore e il suo sorriso.

Perchè essa non vuole che la mamma sappia che langue e la sua anima si strazia, e sussurra ai compagni parole dolci e li prega di dire che è contenta e gaia, anche nella prigione dalla quale non spera uscirne se non cadavere.

E ne uscirà viva invece, più viva di prima, dopo essersi abituata all'idea della morte, dopo aver perduto tutte le illusioni... tutto, e ad un tratto un colpo dietro la porta di ferro.... Questa volta è la vita che chiama colla sua voce. «Alzati e cammina!» Oh! che tragedia, esclama la Vera Figner. In questo grido sta tutto il dolore che ha lacerato un'esistenza intiera ed è il grido di centomila martiri.

Dopo la pubblicazione del manifesto costituzionale del 1905, Vera fu rilasciata in libertà.

La vediamo poi partecipare al congresso socialista di Stoccarda, fatta segno ad immense manifestazioni di simpatia e d'affetto.

Questa indomita combattente non si stanca mai; i suoi pensieri sono adesso pei fratelli rimasti laggiù nelle celle umide e oscure. Scrive e tiene delle conferenze di beneficenza in favore delle vittime delle prigioni russe lasciati morire abbandonati da tutti.

Questo opuscolo della Vera Figner, che cari compagni di lotta pubblicano in favore delle vittime invendicate, non si raccomanda al proletariato italiano. Osiamo sperare che egli saprà da sè qual'è il suo dovere in questo doloroso momento della nostra vita nazionale.
Che la diffusione di quest'opuscolo sia la più bella risposta a coloro che vogliono farci dimenticare le infamie del governo e dell'autocrazia russa alla quale l'Europa borghese, diplomatica e militarista prodiga inchini cortigiani e strette di mano obbrobriose, contro la volontà dei popoli deprecanti in nome dell'umanità e della giustizia sociale.
E non ci stancheremo mai di affermare che ogni stretta di mano data agli aborriti Romanoff è un laccio attorcigliato al collo di cento martiri.

ALIGHIERO TANINI

Nervi, Settembre 1912.

Verso la fine del secolo XIX ed all'alba del secolo XX, assai prima che scoppiasse la rivoluzione del 1905, la Russia non aveva che due soli luoghi di pena ove i forzati politici venivano segregati. Erano all'oriente le miniere di Kara nella Siberia Orientale e ad occidente, la celebre fortezza dello Schlusselburg. Questa vera Bastiglia russa, che sin dall'800 possedeva già un passato quanto mai tragico e lugubre, attirava in modo speciale l'attenzione del popolo russo. Distante soltanto alcune diecine di chilometri dalla capitale piena di vita e di movimento, la fortezza dello Schlusselburg costruita su di un isolotto selvaggio bagnato dalle gelide onde della Neva, appariva come un regno di morte, lontano ed inaccessibile. Il mistero che circondava la sorte dei prigionieri, l'isolamento fisico e morale nel quale essi erano avvolti come in una tenebra impenetrabile, separati per sempre dall'umanità pulsante e vivente, dava a questa isola un carattere mistico e leggendario. Dietro quei muri dolorosi, sepolti vivi, strappati violentemente all'esistenza, alla famiglia, alla patria, all'umanità, alcune decine di esseri espiavano silenziosamente nelle fredde casematte lo slancio rivoluzionario che li aveva spinti a combattere lo zarismo.

E mentre che in mezzo al silenzio misterioso della fortezza dello Schlusselburg, circondata quasi dall'oblio generale, le misere esistenze dei condannati si spegnevano lentamente consumandosi nelle celle maledette, questa fortezza diveniva di giorno in giorno più, per la giovine generazione nascente e cresciuta al di là di quei muri, l'emblema della libertà soffocata, vaticinando ai futuri martiri che ben presto sarebbe giunto il giorno di riprendere la lotta più intensamente che mai per la conquista di questa libertà tanto auspicata.

Le aspirazioni liberali, represse momentaneamente tra il 1880 ed il 1890, epoca nella quale il partito rivoluzionario «La volontà del Popolo» si spense, senza aver lasciato, almeno in apparenza, dei seguaci che avessero il suo indomito ardore combattivo, rinacquero poco a poco, ingigantendo e sviluppandosi tanto in seno alla gioventù intellettuale che in mezzo al popolo russo.

Le muraglie bianche, le nivee torri dello Schlusselburg distaccantesi sulle scure acque della Neva, ricordavano alla Russia risorta, il grande amore che i vecchi combattenti avevano avuto per il popolo ammonendolo che solo con la lotta si sarebbero potute ottenere quelle libertà tanto agognate. Questo Schlusselburg che manteneva così intatta la tradizione della lotta; questo Schlusselburg circondato dal più fitto mistero sulla sorte dei suoi prigionieri, era come una fiamma solitaria accesa sul cammino di coloro che domani riprenderebbero le armi per rovesciare il despotismo.

Per quanto la Russia di questi ultimi anni, dopo la rivoluzione del 1905 sia diventata di nome se non di fatto una monarchia costituzionale ed abbia acquistato il diritto di assidersi tra le «libere» nazioni d'Europa – almeno così dovrebbe credersi – pure vediamo che invece di una Bastiglia unica e solitaria, il suolo della nostra sventurata patria, si ricopre di diecine e diecine di prigioni, ove i condannati politici, e tutti coloro che dopo i moti rivoluzionari appaion sospetti dinanzi agli occhi della polizia russa di aver parteggiato per la nobile causa della libertà, sono puniti con inaudita ferocia cosacca, degna di tempi barbarici già tramontati.

Dal Mar Baltico sino a Vladivostock, dagli Urali al Mar Nero, non è che una serie ininterrotta di camere di tortura ove i condannati politici vengono rinchiusi a migliaia. Infatti nei primi due anni del regime costituzionale, dal 1905 al '907, i tribunali militari hanno mandato nei bagni penali 3873 persone. Le case di correzione hanno ricevuto 2586 condannati e le compagnie di disciplina 1538. Il regime di queste due categorie di prigionieri, essendo del resto identico a quello dei condannati ai lavori forzati, abbiamo un totale di 7997 persone private di colpo della loro libertà.

Lo zelo dei giudici in questi ultimi anni di regime costituzionale è rimasto lo stesso, cosicchè fatta deduzione per quei detenuti che forse hanno già scontate le loro pene, il numero totale dei condannati politici ai lavori forzati deve essere attualmente di 10 o 11 mila circa.

La stampa europea ha narrato spesso gli orrori delle prigioni della Santa Russia e non è certo esagerazione il compararli agli autodafe dell'Inquisizione; ai roghi in mezzo ai quali le ombre balzavan dalle fiamme in una ridda infernale al suono lugubre delle catene, mentre la banda assassina dei carnefici agitavasi intorno ai miseri corpi abbruccicchiati facendo cadere sulle loro vittime agonizzanti le ultime percosse infami e le ingiurie implacabili interrotte soltanto dal lento cantilenare delle litanie liturgiche.

Oh! quale feroce ironia quando si pensi che queste moderne galere medioevali esistono in un paese il cui governo si considera civile ed evoluto ed ha per capo supremo colui che prese la nobile iniziativa del disarmo universale, disarmo che avrebbe dovuto aprire nuovi orizzonti alla civiltà, al progresso, ai sentimenti umanitari! Per poter considerare sincera questa politica estera dell'impero russo – fosse anche per un solo istante – essa dovrebbe essere in armonia colla sua politica interna; disgraziatamente invece il contrario è là ad affermare colle sue verità palpitanti in quale stato di disordine si trova immersa la nazione russa, sottoposta com'è, al regime dello stato d'assedio permanente, mentre il governo ha ingaggiato una lotta fratricida e senza quartiere contro il suo popolo. Per attenuare le guerre fra nazione e nazione, i rappresentanti degli Stati moderni si riuniscono all'Aia.... Per lenire gli orrori delle battaglie è stata fondata la Croce Rossa.... Niente di simile sembra invece umano e doveroso per far argine alle lotte civili del nostro paese, provocate da un governo feroce e senza scrupoli. Non dovremmo anzitutto supporre che un governo civile il quale voglia farsi stimare e rispettare per tale, non dovrebbe abbassarsi sino alle più volgari ed atroci vendette, infliggendo a quelli che sono i suoi prigionieri di guerra un trattamento barbaro ed inumano, dimenticando così ogni principio di giustizia e di progresso?

Leggete però le lettere dei forzati politici; leggete, leggete, questi documenti umani provenienti dalle prigioni russe; ascoltate i racconti autentici delle vittime! Solo allora vi convincerete che un governo il quale approva e stabilisce nelle sue prigioni un tal regime d'eccezione non ha nessun titolo ad esser ritenuto un governo civile del Secolo XX.

La Direzione generale dei Penitenziari russi, preoccupandosi evidentemente dell'opinione pubblica europea, ha pubblicato poco tempo fa un lungo articolo, sul giornale ufficiale la «Russia» destinato a smentire le informazioni date dai giornali europei quali il «Giornale di Ginevra», il «Peuple», il «Journal du Soir», l'«Humanité», il «Radical», il «Daily News», il «Berliner Tageblatt», il «Berline Localanzeiger», le «Braunschweiger Landeszeitung», la «Zuricher Post», il «Vorwaerts», la «Vita», il «Lavoro», l'«Avanti!» l'«Arbeiter Zeitung», etc,...

Ecco a un dipresso, il tenore generale delle affermazioni governative:

È vero che le prigioni russe sono, in una certa misura (!) ricolme di prigionieri; però è anche vero che si sta cercando di attenuare il più che sia possibile a questo inconveniente....

È vero che una certa mortalità regna nelle prigioni; però essa non supera la percentuale dei decessi di tutta la nazione.

È vero che un certo numero di detenuti sono stati colpiti da malattie mentali; ma simili casi non si verificano forse anche nelle prigioni inglesi e belghe?

È vero che nelle prigioni russe si sono avuti dei suicidi; però non è raro che anche prigionieri belghi ed inglesi si siano suicidati egualmente.

In quanto poi al modo con cui vengono trattati i detenuti, al loro nutrimento giornaliero ed alle condizioni igieniche in cui vivono, esse non lasciano assolutamente nulla da desiderare (!).

Tutte le interpellanze presentate a tal uopo alla Douma imperiale, vengono svisate ad arte per toglier loro qualsiasi parvenza di verità. L'amministrazione penitenziaria, bontà sua, è invece oltremodo benevola – se potesse direbbe anche caritatevole – senza contare che tutte le accuse dei prigionieri, spesso troppo nervosi e portate sino all'esagerazione, sono vagliate con ogni cura possibile!

Gli esempi di cattivi trattamenti, del resto poco importanti, sono stati più che rarissimi. In tre casi soltanto, venuti a nostra conoscenza, furono intentati dei procedimenti penali contro i colpevoli!

È inutile soffermarsi più oltre dinanzi a questo tipico documento ufficiale, inspirato dal capo del servizio penitenziario; esso non può ingannare nessuno, nè in Russia nè all'estero.

I giornali moderati quali il «Rietch» ed il «Rousskia Viedomosti» l'hanno accolto con un ben meritato disprezzo canzonatorio. Del resto la smentita più autorevole ed eloquente a questo falso alibi poliziesco dovuto al signor Kroulef, capo della Direzione Penitenziaria, doveva venire inattesa da una fonte più autorevole e degna di fede.

I forzati comuni del distretto di Nertchinsk, centro dei bagni penali siberiani inviarono il mese di maggio scorso, ai deputati della Douma una lunga petizione ricoperta interamente di firme nella quale essi esponevano la loro triste sorte, in questo triste documento veramente ufficiale:

«Dal 1907 in poi la popolazione del nostro bagno penale è decimata dalla morte e geme sotto un'orribile incubo di sangue. Più d'una volta abbiamo cercato aiuto per mezzo dei giornali, ma inutilmente.

«Gli oltraggi, le percosse, i colpi di verga (100 percosse almeno per ogni più lieve mancanza ed anche senza alcuna infrazione al regolamento) ecco, cosa devono subire i forzati. L'unico conforto che ci restava, la possibilità cioè per i malati incurabili di poter uscire di prigione per essere deportati in Siberia, ci fu tolto anche quello dal capo della direzione penitenziaria, dopo la sua ultima ispezione.»

«Le innumerevoli illegalità commesse dall'Amministrazione delle prigioni contro di noi ed una quantità di fatti gravi, tenuti nascosti gelosamente, potrebbero dar luogo ad una rigorosa inchiesta, la quale rivelerebbe a luce meridiana la verità atroce sulle sevizie a cui soggiacciono i prigionieri.»

«Il bagno penale di Nertchinsk è immerso interamente nel lutto e nel sangue. Il «mondo dei reprobi» volge verso di voi i suoi occhi offuscati di pianto, ormai spenti alla vita, sperando da voi un aiuto fraterno. I forzati maltrattati, colpiti e vilipesi tendono verso di voi le loro scarne braccia e vi domandano una cosa sola: di portare a cognizione della Douma la loro preghiera di far ispezionare il bagno penale di Nertchinsk e di far vagliare i loro lamenti dal Parlamento stesso, all'infuori dell'Amministrazione carceraria.»

Ecco come parlano i condannati comuni del bagno penale di Nertchinsk, il quale comprende le prigioni di Akatonï, d'Algatchi, di Zerantouï, di Maltsevo, di Katamary, e di Kataïa.

Essi scrivono alla Douma! Gli altri, i condannati politici, che subiscono la stessa sorte, preferiscono invece scrivere alle loro famiglie.

Da tutte le prigioni dell'impero ci giungono continuamente, a diecine, lettere simili, piene di narrazioni strazianti e di dolorose rivelazioni. Sono i documenti tragici di un martirologio senza eguali nella storia moderna.

Il capo del servizio penitenziario, sotto la cui egida si compiono incessantemente i più inauditi atti di ferocia, ci assicura invece, bontà sua, che tutti gli orrori rivelati dai prigionieri, sono inventati di sana pianta e che i condannati mentono spudoratamente!

Ma non si mente, no, nella corrispondenza intima, rivelando le umiliazioni patite e degradanti, se queste, ahime! non sono state veramente subite!

Che il lettore giudichi lui stesso, che dica egli da che parte è la verità, quando avrà letto i documenti che abbiamo raccolto in questa pubblicazione e che sono una minima parte di quelli che potremmo rivelare al pubblico.

* * *

Non lontano da Mosca, a sei ore di ferrovia, trovasi una piccola ed antica città di poca importanza, conosciutissima però da parecchio tempo per la sua prigione, una delle più famigerate galere russe.
È la città di Vladimir coi suoi 32.000 abitanti circa e mille prigionieri rinchiusi nelle casematte.
Il brano di una lettera scrittaci da un detenuto politico, ci descrive minutamente la vita oscura di quel duro carcere.
«Voi conoscete già – scrive l'autore della lettera – le misure eccezionali introdotte dal nuovo capo della prigione M. Godima. Costui ha aggravato il regime d'isolamento nel quale eravamo tenuti; ha abolito le passeggiate in comune sostituendole con passeggiate a fila indiana; ha limitato la corrispondenza e la visita dei nostri cari ad una sola volta al mese; ha proibito di possedere in proprio la biancheria, l'inchiostro e la carta. Ha inoltre istituito il regime delle perquisizioni personali giornaliere ed infine, non contento di tutto ciò, ci ha fatto diminuire anche di mezza libbra la nostra abituale razione di pane. Non parliamo poi della durezza colla quale vengono trattati i prigionieri.... Per risposta ad una protesta da noi fatta contro questo regime eccezionale e vergognoso, cinque condannati sono stati fustigati a sangue... Le due celle di rigore della nostra oscura muda essendo diventate ben presto insufficienti, di punto in bianco, furono preparate altre venti celle simili, onde poter punire così 60 prigionieri alla volta. Ed è inutile che ve lo dica, esse non restarono mai vuote; anzi qualche volta moltissimi detenuti, prima di essere rinchiusi in cella di rigore dovettero attendere il loro turno e ciò perchè le nuove segrete non erano sufficienti a contenerli tutti.»
«I più futili motivi bastarono perchè le punizioni fioccassero senza remissione. Alla più semplice bagatella ogni secondino volendo esercitare la sua autorità particolare, si vendicava ferocemente sui condannati, anche per una semplice malaugurata parola che possa esser sfuggita loro dalle labbra. Del resto come potrebbe essere altrimenti, quando lo zelo inumano di questi aguzzini, è il più sicuro titolo per l'avanzamento?»
«Uno di questi bruti giunse sino al punto di dichiarare apertamente, che se egli non avesse rinchiuso nessuno in cella di rigore, avrebbe dovuto ridursi a bastonare sua moglie, ma poichè questa le era più prossima di noi, egli riteneva ben logico e naturale di riversare le sue collere sopra noialtri condannati».
«Secondo il regolamento un condannato non dovrebbe rimanere in cella di rigore più di sette giorni. Non è raro il caso, però, in cui la pena viene aumentata sino a trenta, trentacinque giorni consecutivi, e qualche volta con un intervallo di soli tre giorni di riposo. Questo stato di cose è dovuto non soltanto a causa del rinnovamento delle pene, ma anche al regime stesso della cella di rigore. Di giorno è proibito coricarsi e la notte guai a camminare lungo la cella. In caso d'infrazione a quest'ordine, la pena può essere prolungata ancora. È più che naturale che il trascorrere trenta o trentacinque giorni in questo modo, sia la rovina irreparabile della salute quando non ci va di mezzo la vita stessa del condannato.»
«In questa prigione si verificano molti casi di suicidio. Il compagno Bruker si è ucciso in cella e Blinitchkine ha tentato invano di suicidarsi. Fucks è morto di edema polmonare per essere stato rinchiuso nella segreta. Anche Nonogiloff è morto di tisi galoppante dopo 30 giorni di murata. Ed altri, ed altri ancora subirono la loro stessa sorte. Una vera epidemia di tubercolosi polmonare e

ganglionare scoppiò ultimamente fra i 950 prigionieri della nostra galera. Su 85 casi constatati, 80 di essi ebbero esito letale. Dopo la tubercolosi, ecco apparire a sua volta la scorbuto ed in proporzione tali da colpire in modo allarmante anche i nostri stessi aguzzini! Un'inchiesta medica decretata a Pietroburgo finì col proporre di migliorare i cibi a 200 prigionieri, ma l'epidemia ha continuato sino a questi ultimi tempi il suo corso regolare senza diminuire affatto, poichè le misure prese per arrestare il morbo non consistevano che nei soliti palliativi delle goccie e delle polverine.»

«Le pene corporali sono considerate da noi come il più grande degli schiaffi morali, ma purtroppo una volta introdotte, esse si ripetono incessantemente. La nevrastenia dei detenuti sorpassa qualsiasi limite. I loro volti pallidi ed emaciati fan ricordare quelli dei soldati dopo una campagna piena di stenti e di privazioni. Una demoralizzazione completa ha seguìto questo tristissimo stato di cose, una disperazione cieca si è impadronita anche di coloro che un anno fa erano pieni di vita e di coraggio.»

«Non c'è più che un infimo manipolo di condannati che mantiene rigido ed integro sino all'ultimo il proprio carattere preferendo sopportare questo atroce cilizio giornaliero piuttosto che cedere. La maggior parte dei detenuti si rivolge allo Czar implorando la grazia! Se per caso qualcuno riesce nell'intento, gli altri lo seguono nella dedizione e le autorità fan del loro meglio per incoraggiare questa infedeltà alla causa della libertà.

«...Un nuovo capo è venuto a rimpiazzare Godima morto il mese di settembre scorso. Per questo non vuol dire però che le nostre condizioni cambieranno di un ette. Anzi le punizioni e le vergognose umiliazioni fioccano su di noi più di prima, a tal punto, che la vita ci è diventata addirittura insopportabile».

* * *

Se la vita è insopportabile nella prigione di Vladimir, nulla è paragonabile alla terribile esistenza dei condannati della prigione di Orel, i cui orrori sono descritti nel seguente straziante documento umano:

«Ogni volta che il mio pensiero si trasporta tristemente al bagno centrale di Orel, ogni volta ch'io rivivo l'esistenza da me trascorsa in quel sepolcro dei vivi, esistenza di dolori e di umiliazioni senza fine, il mio cuore si stringe d'angoscia e di raccapriccio.»

«Certe volte mi sembra che il bagno penale di Orel riassuma in sè tutto il microcosmo dell'infelice Russia contemporanea. Agli echi lontani dell'infernale baccanale dell'impero, l'amministrazione delle prigioni risponde coll'arbitrio e nel suo piccolo stato, essa si rende esecutrice d'un regime d'eccezione senza controllo che si definisce con una frase sola: la famigerata e non mai abbastanza maledetta centrale di Orel.»

Questo orribile bagno penale cominciò a popolarsi di condannati al principio dell'anno 1908 e forse anche prima.

«Datano d'allora le orgie selvagge alle quali si è dèdita liberamente l'Amministrazione delle prigioni.»

Il fosco regime di questa oscura muda pesò in modo speciale sulle povere spalle di coloro che la sorte volle fossero i primi ad entrarvi. I racconti di questi nostri infelici compagni, degni tutti della nostra più assoluta stima, partecipano della leggenda epica ed alitano in loro come il soffio possente e grave delle gesta secolari, dileguantesi nella nebbia dei tempi. A leggere queste cronache di ieri così terribilmente vere sembra di rivivere un evo storico ormai tramontato per sempre.

Era uso dell'Amministrazione carceraria di Orel, di introdurre ogni nuovo condannato nella sala da bagno per denudarlo completamente dei propri abiti. Qualcuno di questi infelici, quasi affamato, subiva seduta stante ogni sorta di violenze, tra le quali quella di esser gettato a terra brutalmente dai secondini i quali si divertivano poi a malmenarlo ed a calpestarlo senza ragione. Quelli che non era possibile abbattere, venivano colpiti senza pietà al viso, al petto, ed al ventre; si colpiva colle chiavi, si colpiva colle mazze e con delle fibbie di cautchouc, si colpiva sempre incessantemente, sino a che la vittima svenuta non dava più segno di vita.

Questo ricevimento di sangue aveva per scopo di dimostrare che a Orel «si faceva davvero e non si scherzava» e che colui al quale per fortuna non fosse toccato di scontare la pena colà «poteva benissimo morire sulla nuda terra» secondo l'espressione di Matzevitch, direttore del bagno penale.

Tanto i capi dell'Amministrazione carceraria, quanto i subalterni prendevano parte attiva a queste selvaggie scene di violenza. La sola differenza consisteva nei procedimenti punitivi. Ciascuno aveva il suo modo preferito a seconda del proprio carattere. Taluni carcerieri d'infimo rango, colpivano i condannati in un'orecchia col pugno leggermente dischiuso in forma di tubo, ingegnandosi di produrre una pressione d'aria assai forte per poter rompere il timpano di colpo. Sono numerosi a Orel i prigionieri che hanno il timpano lacerato!.... Disgraziatamente non osiamo rivelare i loro nomi, poichè se lo facessimo e se la stampa li pubblicasse, siamo assolutamente certi che i capi della prigione non si arresterebbero nemmeno dinanzi alle più atroci sevizie, per punire, se non con la morte, le vittime delle loro abbominevoli crudeltà.

Abbiamo le prove certe e palpabili di vendette analoghe per arrischiarci a provocarle. In generale per certi fatti dei più atroci, che se li rivelassimo farebbero rabbrividire, siamo obbligati a tacere per non compromettere i nostri compagni che si trovano tuttora nel bagno penale di Orel e che sarebbero così, alla mercè dei loro aguzzini.

I rappresentanti in capo dell'Amministrazione carceraria hanno i loro procedimenti speciali per colpire le vittime designate.

Il vicedirettore, sua eccellenza il conte Saingallo, ha inventato una tortura ancor più raffinata. Egli invece di dischiudere il pugno in forma di tubo, per spezzare il timpano d'un colpo solo, chiude la sua manina bianca e ben tenuta colpendo la povera vittima sotto il mento, dal basso in alto. Un altro vicedirettore, l'Annenkof, colpisce in pieno viso con tutta quanta la forza del suo piccolo corpo ossuto e solido. È il più mortale nemico dei condannati politici. La sola parola di studente basta per far trasalire rabbiosamente l'inviperito cuore di questo zelante funzionario, invasato da sacro furor patrio.

Dopo tutte queste scene di violenza, ecco un tratto caratteristico e significativo quanto mai: l'amministrazione carceraria di Orel non solo punisce i delitti politici, ma li punisce senza pietà, e lo dichiara apertamente con ostentazione. Dopo una di tali scene selvagge, il capo dei carcerieri volgendo uno sguardo feroce sui condannati ammucchiati in gruppi di tre o quattro, grida loro con voce stentorea: «Ecco la vostra rivoluzione...!»

È questo stesso capo carceriere che risponde al nome maledetto di Zaccaria Kozlenkof, – il di cui aspetto soltanto ispira terrore ai condannati, – che nella prigione di Orel funziona da carnefice e da giudice al tempo stesso. Quanti condannati che attualmente riposano le misere loro ossa al cimitero della prigione, devono la loro tragica fine a questo giustiziere carnefice....

Pertanto in un'epoca assai recente, i convogli di prigionieri che giungevano da altre città della Russia, non subivano ancora tali violenze selvaggie. «Il braccio dei combattenti si è stancato di colpire»....

Uno dei convogli giunti nel 1909 fu ricevuto nel modo seguente:

Tutti i condannati, completamente nudi, furon condotti in un lungo corridoio, tra due fitte ale di sorveglianti; circa venti o venticinque. In mezzo al corridoio, il vice direttore Grabovsky, sorveglia attentamente le peripezie della lotta.

Il suo comando di colpire adagio, rivolto ai dipendenti i quali durante il loro soggiorno nella prigione di Orel ne avevano viste di tutti i colori, poteva essere interpretato come raccomandazione di non sorpassare i limiti, non dimenticando anche che vi erano dei condannati deboli incapaci di poter sopportare le percosse.... Invece, soltanto i gemiti sordi delle vittime echeggiavano pei lunghi corridoi vuoti, teatro di tanti inenarrabili martirii. Non è possibile, immaginare una esistenza più umiliante e piena di atrocità paragonabili a quelle subite nella prigione di Orel.

Il capo dei carcerieri non è il solo a possedere il triste privilegio di colpire senza misericordia, di colpire fino alla perdita dei sensi; anche il secondino di guardia ed il sotto carceriere dividono con lui questo potere. Le sevizie dei secondini di guardia sorpassano qualsiasi limite. Uno di essi, per esempio, tutti i giorni si applicava a passare il tempo in questo modo: dava dei buffetti sul naso di un condannato, al quale ordinava di passare la testa attraverso la spia, e poichè questa non lascia passare che il naso, il condannato era costretto, suo malgrado, a subire questa umiliante tortura impostagli per puro capriccio, dal brutto ceffo e senza ipocrisia del carceriere.

Il più piccolo pretesto basta perchè ad Orel si colpiscano i prigionieri senza pietà. Basta essere rimasti vicino alle inferriate della finestra oppure aver fatto risuonare le proprie catene lungo il corridoio per essere severamente puniti. Troppo tempo e spazio ci vorrebbe per poter enumerare tutti i casi dolorosi delle infamie senza nome patite dai condannati. Ci basti il dire, che il capo carceriere Zaccaria Kozlenkof era molto vicino alla verità quando in un discorso ch'egli tenne ai prigionieri, mentre i suoi lineamenti si erano subitamente contratti dall'odio ed i suoi occhi stralunavano crudelissimi e selvaggi, ei disse brandendo i pugni minacciosamente tesi verso i condannati: «Alla più piccola mancanza da parte vostra sarete sollevati per le catene e fracassati contro la muraglia»! Come è feroce il carnefice Zaccaria Kozlenkof!

Tutte queste violenze senza nome, e le inaudite atrocità a cui soggiacquero i sepolti vivi di Orel, ebbero per fatale conseguenza parecchi suicidi. Disgraziatamente è difficile stabilire il loro numero preciso; però se affermassimo un numero di dieci o quindici vittime, non saremmo forse troppo lontani dal vero, per quanto non possiamo garantire in alcun modo questa nostra asserzione. In questi ultimi tempi lo studente Sobotnitzky si è impiccato; egli fu uno dei tanti condannati della frazione socialdemocratica della seconda Douma imperiale. Prima di ricorrere al suicidio liberatore, le violenze che egli dovette sopportare furono infinite ed io ricordo ancora con dolore profondo il suo viso pallidissimo, reso violaceo e contratto dal terrore.

Le notizie che dal sepolcro di Orel giungono a stento ai viventi dell'altra sponda, ove la vita urge da ogni parte, sono rarissime e monche. Le lettere che l'amministrazione carceraria, bontà sua, ci autorizza a scrivere due volte al mese soltanto, non devono contenere la men che minima allusione nè alcuna informazione di sorta e ciò per non cadere vittime di atroci rappresaglie. La lettera deve essere finita in quindici o venti minuti. Un nostro compagno, per aver scritto troppo lungamente subì numerose percosse. Non è infrequente anche il caso in cui il testo della lettera viene dettato direttamente dal carceriere con frasi di questa fatta

– «Scrivi» – : «Sto benissimo, mandatemi del thè e dello zucchero».... Tutte le lettere spedite dal bagno penale di Orel sono stereotipate una volta per tutte col motto d'ordine: «Stiamo benissimo».

Durante la visita dei genitori, gli occhi soltanto possono narrare tutto l'orrore della vita dei poveri condannati. Colui che, per una fatale imprudenza, si lasciasse sfuggire una parola soltanto di bocca contro i suoi aguzzini, rischierebbe di essere percosso a sangue.

Di tanto in tanto il sostituto procuratore visita la prigione per informarsi se i detenuti hanno da lamentarsi contro il regime carcerario. Però in questa occasione, un tacito accordo si è stabilito tra galeotti; nessuno di essi osa lagnarsi, il rischiare soltanto sarebbe pazzia. Una tale iniziativa avrebbe per risultato di far incrudelire maggiormente i carnefici di Orel.

Nel carcere di Orel, ogni prigioniero è obbligato a lavorare senza interruzione. Oltre ai mestieri di falegname, fabbroferraio e affini, vi è quello tutto speciale della carminatura del cotone. A questo penoso lavoro vi sono adibiti novanta o novantacinque detenuti i quali devono restare per lunghissime ore del giorno in un piccolo hangar ove la respirazione vi è resa impossibile dal pulviscolo di cotone densissimo, che flotta nell'aria rarefacendola a tal punto da provocare una tosse violenta con principio di soffocazione a quasi tutti i condannati.

Date queste condizioni di vita non è certo da stupirsi se i sintomi della tubercolosi polmonare non tardano a manifestarsi tra quegli infelici, specialmente se si tien calcolo che tal genere di lavoro è proprio riserbato ai deboli ed ai depressi, tra i quali vi sono adibite anche delle persone già ammalatissime. Va sans dire, che durante il penoso lavoro, le percosse e le sevizie senza nome non cessano mai. Non sembra di essere nelle famigerate piantagioni ove una volta gli schiavi negri lavoravano sotto la sferza crudelissima dei loro aguzzini?

Il carceriere Vetrof, a cui è affidata la vigilanza speciale dell'opificio, colpisce senza riguardi e le sue percosse lasciano per molto tempo l'impronta della sua forza poderosa; questo sbirro dall'anima truce prova un piacere speciale nel gettar sulla faccia di un carcerato il fondo della sua tazza da caffè. Alla sera, dopo finito il lavoro, i detenuti vengono condotti all'aria aperta e sottoposti a dei faticosi esercizi militari. Queste pseudo passeggiate non sono altro che una tortura sistematica e regolare. Sotto il comando ferreo del vicedirettore, si fan loro eseguire ogni sorta di manovre. Non si sente altro che la voce stridula dell'Annenkoff: «Mettetevi in fila, cani» oppure «per fila destra, cani, o se no percuoto»! Un giorno, quasi tutti i condannati vennero percossi per aver risposto al «saluto» del vice direttore colla formula «noi auguriamo buona salute a vostra altezza» invece di dire «auguriamo buona salute a vostra Eccellenza». Durante queste passeggiate che, come ripeto, non sono altro che degli esercizi militari, i detenuti devono marciare al passo, come i soldati ed obbedire agli ordini severissimi del vicedirettore che marca il tempo! Tutto questo, dopo una giornata di lavoro sfibrante, in mezzo a dei carcerieri che sono delle belve, in uno opificio ove l'aria manca quasi completamente...! Se poi un galeotto non marcia al passo militare, guai a lui; nuove percosse finiranno la sua giornata di martirio. Questa è, a un dipresso; l'esistenza atroce alla quale devono sottostare docilmente i condannati della prigione di Orel, ove le umiliazioni degradanti si confondono colle sevizie innominabili, senza che mai una voce giustiziera riesca a far lenire le sofferenze dei fratelli abbandonati per sempre. Se qualche lettore di questo opuscolo, dall'alto della sua incredulità credesse che abbiamo voluto caricare i colori per partigianeria, non abbiamo altro da rispondergli che la realtà in Russia, è di per se stessa così atroce, che non c'è proprio bisogno di renderla più fosca di quella che è.

Purtroppo invece, i fatti sono così gravi e numerosi, che ben lontani dall'esagerare, siamo ancora al disotto della nuda e pura verità.

* * *

Nel bagno penale di Orel i condannati politici vivono nelle stesse camerate, occupano gli stessi opifici e fanno gli stessi lavori dei condannati comuni, coi quali dividono anche le cosidette passeggiate serali.

Nella prigione di Saratof invece non è così. Laggiù i galeotti subiscono la detenzione cellulare. Come vedete si può dire della Russia, che ognuna delle sue tante città, ha un metodo punitivo speciale e variato.

Il racconto della vita di prigione che un detenuto ci narra dettagliatamente in una sua lettera ricevuta ultimamente da Saratof, è uno dei più tristi e sconsolanti documenti che possano esistere. Oh! quante e quali sofferenze subisce l'infelice N....!

Il carcere cellulare di Saratov è reputato, dopo quello di Orel, per uno dei più terribili a causa del suo regime eccezionale e inumano.

Ecco il programma della giornata di un condannato: Alle sette del mattino deve alzarsi e la prima sua cura deve essere quella di pulire l'impiantito della cella sino a che non sia divenuto completamente lucido e non vi resti la più lontana traccia di polvere. Indi il detenuto N. deve attendere la quotidiana visita del capo carceriere per cui è obbligato a restare continuamente sul chi vive, spiando ed ascoltando se da lontano un rumor di passi non si avvicina verso la sua cella; poichè se N. fosse trovato seduto nel momento in cui viene aperta la porta, egli rischierebbe sicuramente la cella di rigore. Quando entra il carceriere, N. deve tenersi in posizione di attenti, colle mani immobili, e salutare colla solita formula «Vi auguro il buon giorno, signor Capo». Il carceriere ispeziona minuziosamente la cella e se il pavimento non è ben lucido o le stoviglie non gli sembrano sufficientemente ben lavate, N. può esser certo di andare in cella di rigore. Per un nonnulla i condannati rischiano di esservi gettati dentro, colla prospettiva di rimanerci per molto tempo. Un gancio mancante od una giacca sbottonata, bastano perchè vi siate meritati una simile punizione. Su dieci settimane di prigione, il compagno N., ne ha passate cinque in cella di rigore: una volta perchè nella sua cella fu trovata una tela di ragno, un'altra volta perchè egli aveva rotto un ago prestatogli per ricucire i suoi abiti.... Nella cella è inoltre proibito camminare per non sporcare il pavimento, cosa questa che obbliga il compagno N. a rimanere tutto il giorno seduto su di uno sgabello, essendo la sua branda avvitata e sospesa al muro sino alla sera. L'infrazione a questo ordine severissimo vien punita col cellulare. Guai ad appoggiarsi al muro che è imbiancato di calce e insudicerebbe il vestito del prigioniero! Anche questo basta per procurargli il sotterraneo, per cui N., se per caso si appoggia al muro, in tutta fretta si toglie la giacca per pulirla, prima che dalla spia il secondino si sia accorto di questa grave mancanza per punire come al solito. Per uno spazio di tempo minore di una settimana, non si è rinchiusi in cella di rigore, in questa fetida e oscurissima segreta mancante perfino di giacigli per dormire la notte! Nell'inverno, il massimo di temperatura è di 5 gradi sopra zero e tutta la cella è ricoperta di muffa.

In quanto al nutrimento, esso consiste soltanto in una libbra e mezzo di pane nero.... e due brocche d'acqua.

Una volta il compagno N. per essersi tolte le calze che egli aveva infradiciate durante la passeggiata, fu gettato dal suo sorvegliante in cella di rigore senza nemmeno aver avuto il tempo di rimettersele, per cui dovette tremare di freddo tutta una lunga settimana. Per ripararsi dal freddo i condannati sogliono infilare le loro due gambe in un pantalone solo, onde coll'altro potersi fare una.... specie di materasso per la notte mentre che colle loro giacche cercano in tutti i modi di coprirsi il petto ed il dorso. Ma le giacche di questi miseri infelici essendo troppo strette, appena appena coperte le spalle, il petto si gela o viceversa.

Nel penitenziario di Saratof la personalità è ridotta a zero.

Il compagno N. ci scrive che ha meditato a lungo sulla causa precisa della sua profonda depressione morale e conclude dicendo che era oppresso da qualcosa d'inafferrabile, da un invincibile dolore cupo prodotto sopratutto dalla costante tensione d'animo di tutti i giorni e di tutte le ore.

Alle sei di sera la branda viene abbassata ed il condannato gode per questo un po' di libertà. Alle nove tutti dormono.

La prigione di Saratof contiene circa 80 detenuti e nessuno di essi sarà mai trasferito altrove perchè tutte le prigioni della Siberia sono anch'esse ricolme. Non vi sembra delle più atroci la condizione di questi infelici, che accarezzano ancora l'illusione di essere trasferiti altrove, pur di non restare a Saratof?

In un momento di maggior effusione, un condannato il quale non è più in possesso delle sue facoltà mentali, soggiunse che se gli avessero dato soltanto sei mesi di una vita un po' migliore, avrebbe avuto un giorno la forza di poter sopportare per molto tempo ancora la sua sorte. Un altro condannato ci scrive invece che ormai non c'è che la morte che possa salvarlo, ed essa lo aspetta sicura come un preda. Questo disgraziato, adesso è in balìa della più cupa disperazione.

Gli avvocati, i quali in virtù della loro penosa quanto sterile missione di difendere i prevenuti politici – difesa che immancabilmente finisce col provocare la morte subitanea del paziente in caso di tortura oppure quella del giorno per giorno nel famigerato bagno penale – gli avvocati che hanno il privilegio di comunicare particolarmente coi prevenuti politici e che, soli, hanno con costoro sinceri e dolorosi rapporti di amicizia «dall'altra sponda della vita», potrebbero narrarci l'agonia lenta e terribile dei detenuti nelle segrete russe, sul frontespizio delle quali, sta inciso a lettere di fuoco e di sangue, il celebre verso della Divina Commedia di Dante: Lasciate ogni speranza, o voi ch'entrate.

Tra queste oscure mude, il primo posto tocca al penitenziario di Orel, il secondo se lo disputano Vladimir e Saratof.

«N. N. che ha visitato le prigioni di varie città russe» – così ci scrive il nostro corrispondente – «fu talmente impressionato della prigione di Saratof, ove assistette anche a delle condanne a morte, che per alcune sere non potè chiuder occhio sotto l'incubo della spaventevole visione svoltasi dinnanzi a lui.» Anche il condannato N. di cui abbiamo parlato poc'anzi, così giudica la sua esistenza nella prigione di Saratof: «La vita coi suoi più tristi dolori, i disastri senza nome, le afflizioni le più grandi sono uno zuccherino in paragone di ciò che avviene qui».

Dopo la sentenza i condannati vengono ricondotti in prigione seguiti da numerosa scorta armata. Nulla è più tragico di veder allontanarsi lentamente quella lunga fila d'infelici ricoperti dei loro informi pastrani grigi. Da lontano i genitori ed i parenti delle vittime seguono il triste corteo funebre, e non osano nemmeno rivelare la loro presenza con un gesto di commiato, ultimo atto d'umanità e d'amore. I prigionieri si avvicinano all'inferriata della prigione, agitando i berretti in segno d'addio supremo, senza volger la testa verso coloro che abbandonano per sempre... Chi potrà ridire lo schianto delle loro anime in quel momento? Le porte si chiudono, e gli ultimi stridori delle pesanti catene, annunziano alle mogli inconsolabili ed ai poveri genitori ebetiti dal dolore, che l'irrimediabile ed atroce destino si è compiuto inesorabilmente.... Tutti i volti recano impressa sulla loro pallidezza spettrale, l'espressione d'un intenso ed angoscioso stupore.

L'ingenuo lettore europeo, crederà forse che in questo fatale istante in cui il maglio della giustizia si abbatte subitamente sulla testa del condannato, per strapparlo brutalmente all'esistenza e segregarlo alla reclusione perpetua, di dove la sua debole voce non potrà essere intesa malgrado i tormenti indicibili, e continui; il buon lettore, dico, potrà forse credere che in quest'ora suprema, a questo repentino svolto della vita, sarà permesso al misero condannato, forse anche per un minuto solo, di appoggiare il capo dolente sul seno di un essere caro ed amato onde attingere in un supremo ed intimo scambio di sentimenti, la forza morale necessaria per affrontare l'avvenire senza speranza... Ahimè! Se pur fosse così!

Dieci minuti di colloquio attraverso un doppio reticolato di ferro è tutto quanto viene concesso ai detenuti, è tutto quello che ottenne lo stesso compagno N., del quale abbiamo rivelato più sopra le sofferenze inaudite; comuni a tutti gli altri suoi compagni di sventura.

Leone Tolstoi, nel suo romanzo «Resurrezione» ha magistralmente descritto questi colloqui di condannati. Nella semioscurità del carcere, da una parte delle potenti inferriate una lunga serie di detenuti, e dall'altra i parenti delle vittime, appena visibili gli uni agli altri, appena capaci di riconoscersi, in mezzo al frastuono delle voci che cercano di superarsi vicendevolmente per poter diminuire quella del compagno vicino, onde scambiare una parola, un'ultima effusione intima coi propri cari.... La moglie di N. non può gridare a suo marito che queste sole parole: Curati, mangia più che puoi. Oh! ironia! Non sa forse essa, infelicissima donna, che nella prigione di Saratof tutto il nutrimento dei condannati consiste in qualche cucchiaiata di un'orribile minestra o di solo pan nero? Sfinita, commossa, senza più nessuna speranza, la povera moglie ritorna nel suo tugurio, piangente e disfatta. Il suo volto è quello di un convalescente scampato da una gravissima malattia. Tutto è finito.... Il primo atto del dramma è chiuso. Il secondo atto trascorrerà dentro la prigione orribile. Un bottone staccato, un impiantito che non riluca assai, un ago rotto saranno per il prigioniero fonte certa di rinnovati martirï. La cella di rigore è là, pronta ad accoglierlo per settimane e mesi interi, alla più piccola mancanza o per malvagio capriccio d'un carceriere. Il terzo atto, sarà la morte lenta per fame cronica, o per un colpo di baionetta squarciatore....

* * *

La prigione centrale di Mosca, chiamata «Boutyrky» è tra le più importanti dell'impero russo. Colle sue muraglie in pietra e le sue quattro torri, essa sembra, ed è quasi, una fortezza. La sua costruzione data dall'epoca del regno di Caterina, ed una delle sue torri «la torre di Pougatchef» è intitolata al nome del tribuno popolare del secolo XVIII, che fu rinchiuso là dentro.
La prigione contiene circa 3000 condannati di tutte le categorie. Prima del 1907 essa non serviva che di deposito per il transito dei detenuti, ma adesso, essendo i bagni penali siberiani completamente ricolmi, il governo russo ha trasformato uno degli edifici della Boutyrky in un vero bagno penale pei forzati, dandogli il nome simbolico di Sakhaline.
Questa costruzione consiste in una lunga fila di camerate contenenti ciascuna venti forzati. I condannati politici di questa prigione sono mille circa. Ecco ciò che narra della «Boutyrky» un politico che sconta là dentro la sua pena:
I forzati portano tutti le catene; i condannati semplici soltanto per un quarto della loro pena, ed i condannati a vita per otto anni consecutivi. In realtà però questo termine si prolunga indefinitamente perchè l'amministrazione carceraria dimentica sempre di togliere le catene allo spirar del termine. Essa ha pure il diritto di prolungare per punizione l'uso delle catene facendole portare anche alle mani dei detenuti quando questi abbiano commesso qualche mancanza. I ferri consistono in grosse e potenti catene, il cui stridore riempie la prigione tutta quanta, senza mai un minuto di requie. È un rumore sordo, persistente e orripilante che irrita certi condannati sino alla follia. Le catene pesano 3 kili, però nel giugno del 1909, Khrouleff, capo del penitenziario, dopo aver visitato la prigione trovò che dette catene erano troppo leggere e che bisognava aggiungervi alcuni anelli. Aggiunse anche di conservare l'abitudine di incatenare i forzati alle mani e il più che fosse possibile...
I ferri sono strettamente avvinti ai piedi ed alle mani del detenuto, il quale è costretto a camminare con dolore e gran difficoltà. Guai a lui, se osasse domandare che gli vengano rallentati gli anelli! Siate certi, che se anche per un favore eccezionale, gli venisse concesso una cosa simile, egli sarebbe crudelmente punito. Nel mese di luglio del 1908 un giovane forzato di 19 anni domandò che venissero rallentate le catene troppo strette di un compagno malato il quale non osava parlare per timore di essere fustigato.
I ferri furono allentati, sì, ma il denunciatore venne talmente percosso dal carceriere colle sue chiavi, che l'indomani il condannato morì all'ospedale a causa delle orrende ferite riportate.
Nell'inverno dello stesso anno giunse da Varsavia un detenuto con ancora un'antica ferita in una gamba e grazie alla quale gli era stato risparmiato la tortura di portar le catene. Ma il medico della

«Boutyrky» il dott. Lebedeff, trovò invece che la ferita era di nessunissima importanza, per cui il polacco venne incatenato come gli altri. Va sans dire, che costui morì poco appresso a causa dell'avvelenamento del sangue, che gli produsse la cancrena sviluppatasi soltanto dopo l'applicazione delle catene. Del resto la vita di un condannato è tenuta in così poco conto, che i malati non sono mai assistiti. I moribondi che dovrebbero essere trasportati in una sala a parte, sono lasciati invece nella infermeria comune, senza che nemmeno un riparo qualsiasi serva a sottrarli pietosamente alla vista degli altri condannati.

Quando l'agonizzante ha cessato di vivere, lo si copre con un drappo nero, indi vien trasportato nel vestibolo di dove poi, con tutto comodo lo fanno passare al deposito mortuario. Durante il trasporto, presso alla lavanderia, vengono tolti al cadavere i suoi indumenti e lo si lascia tutto nudo un po' più lontano. È uno spettacolo macabro che può essere osservato quasi tutti i giorni dalle finestre dell'infermeria.

I malati colpiti da affezioni nervose – e sono innumerevoli – portano le catene anch'essi, rimanendo nelle stesse celle cogli altri oppure vengono rinchiusi nelle segrete ove la luce manca completamente di notte e si può dire anche di giorno. L'assistenza medica a questi infelici consiste nelle continue imprecazioni e brutalità del carceriere, il quale camminando in sù ed in giù pel corridoio, grida continuamente al detenuto: «Non far rumore! Vuoi smettere di lamentarti? Vuoi che ti dia un pugno sulla faccia?» Oh! state pur certi, che se non tace a tempo, non sarà un pugno solo che l'infelice riceverà in pieno petto, ma una serie di violenze incredibili e inumane, di cui noi non abbiamo un'idea. Dei volumi interi potrebbero essere scritti sull'infermeria della «Boutyrky», rivelando tutti gli orrori e le vergogne di un regime senza paragoni.

Basti dire che il medico principale della prigione, il Dott. Lebedeff, è stato espulso dai suoi colleghi di Mosca dalla loro corporazione per aver violato le norme della morale professionale, e che lo strapotente capocarceriere Koginoff, una volta tiranneggiava i condannati della fortezza dello Schlusselbourg! I detenuti ritengono quest'ultimo un uomo capace di tutto!

Nel 1908 questi due scellerati rifiutarono ad un detenuto operato qualche giorno prima e che doveva recarsi in tribunale per un processo, di poter prendere una vettura a sue spese, facendolo condurre invece sul carro della prigione! Strada facendo, le suture non consolidate che egli aveva intorno al corpo si spezzarono producendo all'infelice una violenta emorragia. Quando la scorta ritornò alla prigione col malato, questi era agonizzante.

Il cibo ordinario di un condannato consiste in una razione di pan nero appena cotto, una minestra di cavoli e di patate e di un'orribile pappa cotta coll'olio; tre volte alla settimana vien distribuito un pezzo di lesso, il quale è pessimo e tutto nervo. Alla sera il condannato riceve una specie di brodo il quale non è altro che dell'acqua calda con una manciata di riso. Va sans dire, che i cibi, punto o poco nutrienti, sono cotti in recipienti di una sporcizia inimmaginabile, e la loro preparazione soltanto inspira la nausea per la loro puzzolenza. Vi si trovano dentro persino dei mozziconi di sigaro, degli stracci, dei fiammiferi, dei tafani ed anche dei topi! Il gusto di questi cibi è talmente nauseabondo che tra i condannati comuni, moltissimi di essi non mangiano nè la minestra, nè la zuppa. I poliziotti stessi, che una volta dimoravano nella prigione, respingevano la zuppiera con repugnanza.

Mentre ai prigionieri vien data per cibo tre volte al giorno della semplice acqua bollente, essi sono obbligati di comprarsi il thè e lo zucchero.

Con un regime simile, la punizione che è applicata più frequentemente ai detenuti è quella di privarli del loro giaciglio estendendo l'infame provvedimento a tutta quanta la camerata, e di ridurre i cibi alla semplice razione di pane ed acqua!

Soltanto ogni quindici giorni i detenuti hanno il diritto di comprar qualcosa coi loro denari, ma non devono oltrepassare la spesa di lire quattro. Questo denaro è riservato per il tè, lo zucchero, il tabacco, i francobolli e la carta. Il pane comune è considerato un lusso, tanto che i condannati ne sono avidi come di una prelibata ghiottoneria. È severamente proibito inoltre di poter ricevere delle provviste dai genitori.

Nella «Boutyrky», come del resto in tutte le prigioni russe, la mortalità dovuta a malattie croniche od endemiche assume delle proporzioni spaventose. Una epidemia di febbre tifoidea dichiaratasi nell'inverno del 1909, colpì quasi un terzo dei condannati, la maggior parte dei quali soccombettero al morbo. D'allora in poi, col pretesto specioso che l'epidemia si propaga in tal modo, venne severamente proibito di ricevere le provvigioni dal di fuori.... Pertanto nessun aumento di nutrizione venne dato ai galeotti in compenso di questa proibizione e nemmeno fu loro permesso di sostare più a lungo durante l'uscita quotidiana che è di un quarto d'ora al giorno. Una volta, i condannati di un'intera camerata (20 persone) decisero di lamentarsi presso l'amministrazione del carcere per la pessima qualità dei cibi invocando l'ispezione del vice direttore. Per quest'atto d'inaudita audacia, tutti i venti detenuti furono rinchiusi in cella di rigore per otto giorni, ed a colui che fu ritenuto il principale istigatore dei compagni, detta punizione fu protratta per un mese, prolungandogli di due anni il termine durante il quale doveva portare le catene.

In più delle malattie croniche, come lo scorbuto e la tubercolosi, conseguenza del cattivo nutrimento e dell'assoluta mancanza d'aria; in più delle epidemie che visitano periodicamente la prigione, i detenuti politici vedono drizzarsi dinnanzi ai loro occhi esterrefatti lo spettro terribile della sifilide.

Tra i condannati comuni che si trovano nella «Boutyrky», fra i vagabondi, i ladri ed altri rifiuti della società, vi sono sempre molti malati di sifilide, ond'è che il contagio partendo da essi, lentamente si diffonde nella prigione sino a che anche i detenuti politici vengono colpiti da questa malattia abbominevole. Il contagio avviene soprattutto a causa della biancheria e del bagno in comune. I banchi e le panche della stanza da bagno non vengono mai pulite. Ai condannati si distribuisce un minuscolo pezzo di sapone di qualche centimetro cubo che deve servire per lavarsi da capo a piedi. In venti minuti la teletta deve essere compiuta, cioè spogliarsi, lavarsi in tutta fretta e rivestirsi, senza aver potuto sguazzare nell'acqua come deve essere il desiderio vivissimo di ogni detenuto obbligato a vivere in una simile abbiezione fisica.

La biancheria dei 3000 prigionieri della «Boutyrky», sia dei malati che dei sani, dei condannati politici che degli altri, vien lavata tutta insieme nella lavanderia del carcere per poi essere distribuita a caso, mal lavata, puzzolente e ricoperta di macchie di ogni colore. Dopo questa nobile operazione, passa nella sezione delle condannate comuni per essere raccomodata; ivi la biancheria già sporca, ammucchiata per terra malamente, finisce di pulirsi...., cioè si ricopre di nuove macchie, si trascina in mezzo agli sputi, viene calpestata senza riguardi e fa ottima compagnia agli avanzi delle bibite graveolenti, ai mozziconi di sigarette, ed alle altre immondizie d'ogni sorta finchè viene passata poi in magazzino e restituita come.... «biancheria pulita di ricambio»!

Nel 1908 l'infermeria della «Boutyrky» accolse un numero così grande di sifilitici, i quali avevano contratto indubbiamente la malattia in prigione, da impensierire seriamente il personale medico. Questi cercò di attirare l'attenzione dell'amministrazione carceraria sugli inconvenienti gravissimi di questo stato di cose poco edificante. Vennero prese allora alcune misure profilattiche, ma dopo qualche tempo, le cose camminavano come prima. Guarire della sifilide nell'infermeria della prigione è cosa sovrumana ed impossibile; appena spariti i segni visibili dell'infezione e che il malato possa reggersi in piedi, lo si rimette cogli altri. È così che inevitabilmente quasi tutti i forzati della

«Boutyrky» si fanno curare ad intervalli di tempo più o meno lunghi senza però riuscir mai a guarire della terribile malattia.

La corrispondenza colla famiglia e le visite dei genitori sono permesse soltanto una volta al mese. È proibito sotto pena di severe punizioni di nascondere con sè la carta da lettere, le penne, l'inchiostro e qualsiasi cosa che possa servire al contrabbando della corrispondenza; il detenuto al quale fossero sequestrati simili oggetti pericolosi, sarebbe rinchiuso immediatamente in cella di rigore.

Ogni detenuto obbligato a trascorrere l'esistenza giornaliera assieme cogli altri compagni di sventura, sogna sempre, ardentemente di poter essere un giorno isolato completamente, perchè la vita in comune gli è divenuta addirittura insopportabile ed estremamente faticosa. Tra tutti i mali preferisce ancora quello di essere rinchiuso in una tetra cella isolata, ove almeno nella solitudine, potrà riposarsi dal rumore assordante delle catene e dal va e vieni continuo nel carcere, che toglie il riposo ed eccita terribilmente i nervi. A Mosca però, le celle isolate sono dei veri e tremendi spauracchi anche per i detenuti di ogni camerata, i quali riuniti in numero di venti a quella loro abituale dimora, danno un nome speciale russo, intraducibile in italiano e che significa appunto una camerata contenente venti persone. Se è uno spauracchio per loro, abituati ad essere trattati peggio delle bestie, immaginatevi cosa possono essere quelle celle di rigore ove i condannati sperano di trovare il riposo e la pace psichica! Nelle celle isolate si rinchiudono più specialmente i malati di nervi, i prigionieri che si vogliono punire o quelli che debbono essere isolati dal resto dei detenuti a causa della loro influenza personale. Là dentro il condannato si trova tutto il giorno sotto gli occhi del carceriere di guardia, il quale per distrarsi un po' si diverte ad insultarlo continuamente. E siccome per correggere il detenuto si obbliga un altro condannato a compiere questo triste ufficio, egli viene «corretto» a sua volta dal carceriere ad ogni più piccola occasione. Le perquisizioni nelle celle isolate avvengono quotidianamente e spesso anche parecchie volte al giorno. Al condannato è proibito di leggere e di lavorare; se per caso gli venisse trovato nascosto un libro, un foglio di carta o qualsiasi cosa che potesse indicare i più lontani rapporti cogli altri compagni, è immediatamente rinchiuso in cella di rigore. Il giaciglio del prigioniero viene alzato alla mattina alle 6, e sino alle 6 di sera non è abbassato cosicchè quando il detenuto si sente male è costretto a coricarsi per terra. Dopo tutto ciò, non è strano se quasi tutti coloro che hanno trascorso qualche mese dentro queste orribili celle, cominciano a perdere il lume della ragione.

Talvolta non potendo più sopportare la fame, gl'insulti e le percosse i prigionieri si decidono a compiere dei veri atti di follia pur di poter cambiare la loro sorte. Qualcuno di essi si slancia sul secondino con ira furibonda, tenendo una teiera di ferro in mano, come fece Smolianinoff; un altro, Basiltchouk, deciso a vendicarsi del suo carnefice, lo attende con un coltellaccio.... Tutti e due saranno giudicati in fretta da un consiglio di guerra e condannati a morte.

Molti condannati hanno ricorso ad un altro genere di suicidio, avvelenandosi, od impiccandosi con un asciugamano ed anche con un semplice fazzoletto. Molti altri poi, hanno preferito di precipitarsi dal quarto piano della prigione, nella gabbia metallica del cortile.

Nell'ottobre del 1908 vi furono cinque suicidi riusciti in questo modo. D'allora in poi, per far cessare i continui impressionanti suicidi, i carcerieri furono obbligati d'impedire ai detenuti di avvicinarsi alle inferriate della scala e tolsero dalle celle gli asciugamani coi quali questi infelici solevano impiccarsi con tanta facilità, non potendo più sopportare l'agonia triste e lenta procuratagli giorno per giorno dai loro aguzzini.

Le pene corporali, applicate in sì vasta scala nella prigione di Mosca, non sono come qualcuno potrebbe credere, una eccezione deplorevolissima. Purtroppo invece è la regola quotidiana; soltanto nell'aprile del 1909 esse furono applicate diciotto volte.... Più tardi esse furono aumentate ancora, ma l'autore di queste impressionanti rivelazioni non sa dirci la cifra esatta. In quanto poi ad essere colpiti in un modo o nell'altro, crudelmente e senza pietà, questa è cosa che avviene quotidianamente e per tutti i condannati; spesso anche senza alcun pretesto. Ecco come sono trattati coloro che vengono rinchiusi in cella di rigore!

Reclamare un miglior trattamento, protestare e supplicare un po' di pietà, sono cose inutili, ridicole nonchè assurde.

Tutti lo sanno nella famigerata «Boutyrky» e perciò i condannati preferiscono tacere, sofferendo in silenzio, in attesa che la morte liberatrice venga loro in aiuto.

Ecco come vivono i forzati di Mosca, nel cuore stesso della Russia infelice ed operosa, nell'antica e splendida capitale di una volta!

* * *

E non abbiamo ancora accennato in che modo sono ricolme ed insufficienti certe prigioni russe, adibite più specialmente a ricoverare i condannati ai lavori forzati.

Quest'incombro assume delle proporzioni incredibili in quasi tutte le prigioni della Siberia, a Zerantouï, ad Algatchi, ad Alexandrovskaïa. Il lettore potrà farsene un'idea dalle lettere che abbiamo pubblicato tempo fa nell'Appello del comitato di soccorso pei prigionieri politici russi. Vale la pena di riportarne qualche brano anche in quest'opuscolo. Il lettore Europeo potrà convincersi facilmente che anche in queste prigioni della Siberia, i condannati soffrono ugualmente la fame e la cattiva qualità di cibi. Ecco il brano della lettera:

«Vi sono ad Algatchi circa 600 condannati dei quali 200 politici. La prigione è capace di 297 persone, per cui l'ingombro è dunque estremo. Alcune camerate contengono 30, 40, 50 detenuti, cioè in media il doppio del numero regolamentare poichè ognuna di quelle sale non può contenere più di 17 persone. Noi manchiamo di vestiti, di biancheria e del posto ove dormire. La notte il più piccolo àndito della nostra stalla è occupato; i banchi, i vani sotto i banchi, e tutti i passaggi che li separano tra di loro tengono luogo, con gran disagio di tutta la camerata, dei giacigli che l'amministrazione carceraria dovrebbe passarci. L'atmosfera è irrespirabile non soltanto la notte, ma anche il giorno poichè sulle ventiquattr'ore la nostra camerata non resta aperta che un'ora. Al mattino, quando ci leviamo, la biancheria è sporca e non ne abbiamo per cambiarla. Solo una volta alla settimana ci vien concesso di poterla lavare ma senza sapone. Il bagno ci è permesso una volta al mese, in mucchi di 60 o 70 là dove non c'è posto che per una diecina di persone. L'ingombro nelle celle rende impossibile qualsiasi lavoro in quanto che il posto per sederci è ristretto; anche per mangiare, gli uni si seggono in terra e gli altri restano in piedi pigiandosi. Il rumore e lo scompiglio affaticano oltremodo i nervi. Nella nostra prigione c'è una biblioteca, ma essendo nelle mani del direttore, non ci è possibile di poter ottenere da lui nè libri nè manuali qualsiasi, mentre ci è difficilissimo riceverne dal di fuori».

«Ma il male più grave è sopratutto l'insufficienza degli alimenti. Abbiamo un pasto al giorno (alle dodici): è una minestra contenente press'a poco cinquanta grammi di carne per persona e spesso cattiva. La minestra di patate non è che dell'acqua schietta e ce ne vien data soltanto una piccola scodella. Inoltre, ogni due giorni riceviamo la pappa: due cucchiai per ciascuno! Nell'estate avemmo due libbre e mezzo di pane; dopo il primo ottobre questa quantità ci è stata ridotta a due libbre e un quarto. Una volta durante l'inverno ci veniva aumentata la quantità di carne e diminuito il pane; quest'anno oltre al non averci aumentata la carne ci è stata mantenuta ridotta la razione del pane».

«Quelli, di noi, che non hanno i mezzi sufficienti per comprare il pane, soffrono costantemente la fame; gli altri, i più agiati, vivono appena appena meglio».

«Abbiamo il permesso di comprare per tre rubli al mese soltanto; i prezzi sono carissimi, in modo che fatti venire quei pochi oggetti indispensabili alla vita di prigione – la carta, un lapis, una lavagna, del sapone e dei francobolli – non ci resta quasi niente per le provviste. Non vi è cella ove si possa essere soli: i malati colpiti da affezioni nervose restano insieme agli altri. Abbiamo qui una infermeria che date le nostre miserrime condizioni di esistenza, dovrebbe avere un'interesse tutto speciale, invece è così male organizzata che è meglio non parlarne neanche. Non può certo stupire se in tali condizioni la mortalità è elevatissima: per il prossimo inverno l'amministrazione delle carceri ha fatto preparare sessanta tombe»!

I condannati sono trattati rozzamente; il dar del tu è spesso accompagnato dalle più sozze ingiurie. I carcerieri hanno poteri illimitati; essi possono anche mettere il detenuto in cella di rigore per un tempo indeterminato. Basta che uno di quei poveri disgraziati sia antipatico ad un carceriere perchè costui cerchi di attaccar briga e se il prigioniero perde la pazienza, o cerca di rispondere in qualche modo, la cella di rigore è là ad attenderlo. Coloro che non vogliono sottomettersi sono colpiti con pugni e con calci senza veruna pietà.

Un altro prigioniero scrive:

«Siamo nella prigione di Algatchi, che fa parte dei bagni penali del distretto minerario di Nertchinsk. Dall'11 agosto scorso solo adesso ho potuto avere in prestito un kopech per comprare una busta e della carta da lettere. La nostra situazione è critica; siamo obbligati a dormire per terra, senza guanciale e senza coperte.

Mandatemi del danaro, muoio di fame: una volta al giorno ci vien data una specie di minestra e la razione in verità è assolutamente insufficiente, poichè la minestra per 650 condannati vien cotta nella stessa marmitta che una volta serviva solo per 350 persone. Mandatemi un vaglia al più presto possibile. Non posso scrivere altro: tremo da capo a piedi.»

A Gorni Zarentouï, la prigione non è meno zeppa di quella di Algatchi. Laggiù i detenuti politici hanno dovuto dividersi in due schiere, e gli uni dormono dalle nove di sera sino alle due del pomeriggio, gli altri dalle due sino alle sette del mattino! Nella prigione di Alexandrovskaîa presso Irkutsk è la stessa cosa. I condannati dormono ammucchiati chi sopra e chi sotto le panche.

Sarebbe certamente ozioso dare qui altre descrizioni minuziose delle innumerevoli prigioni russe che ricoprono da un capo all'altro, l'immenso impero degli Czar.

Dappertutto è lo stesso quadro impressionante; quello che abbiamo scritto basta per dare un'idea approssimativa del fosco regime carcerario che impera incontrastato nelle galere della Russia contemporanea.

È un regime di eccezione ove la personalità umana viene continuamente calpestata e derisa; in cui ogni amministrazione carceraria è irresponsabile dei suoi delitti dinnanzi alla nazione. È il regime della fame perpetua, della cella di rigore e dei più atroci tormenti a cui sono sottoposti quotidianamente migliaia e migliaia di condannati politici, ammucchiati come bestie in fetide e luride prigioni senz'aria e senza luce, ove la morte regna sovrana e liberatrice.

È un regime in cui la morte non è nè il maggior male per il condannato, nè il più profondo dolore per suoi cari.

Ultimamente, una giovane che aveva anch'essa sofferto l'asprezze del regime carcerario, ed il cui marito era rinchiuso nella prigione centrale di Mosca, mi disse con sussiego «È morto.... finalmente!».

Queste parole in bocca di una giovane su un essere a lei caro sembrano assurde; sarebbero state crudelissime, se il suo sguardo vitreo, ed il profondo insanabile dolore che le leggevo negli occhi imbambolati di pianto, vaganti lontano da me, non mi avessero rivelato la tragedia intima di quell'anima schiantata per sempre... Sarebbero crudeli e terribili parole, se anche la vita in Russia non fosse così terribile ed anormale.

Le prigioni russe non potranno cambiare che con un nuovo regime politico che darà alla Russia risorta quelle libertà che ora mancano del tutto ed alle quali essa non può far a meno. Questo paese sconosciuto in gran parte dagli Europei, è rimasto ancora una monarchia assoluta con una gerarchia di grossi e piccoli funzionari irresponsabili, ed una organizzazione poliziesca che ricopre la nazione di abbrobrio e d'ignominia dinnanzi al mondo civile.

La Russia attuale è la stessa e peggiore di quella anteriore alla rivoluzione; i diritti dell'uomo e del cittadino proclamati almeno in teoria da tutte le nazioni civili e da esse applicate vieppiù maggiormente oggi, sono da noi calpestati quotidianamente.

E se questi diritti sono negati a coloro che godono dei relativi benefici di una libertà ipotetica conquistata col prezzo del sacrificio della loro individualità, che cosa può sperare un uomo incatenato barbaramente e rinchiuso per anni ed anni in una oscura muda di dove forse non sortirà più?

Ma l'eroico popolo di Russia, che tanti sacrifici ha compiuto per la libertà, non può rinunciare ad essa per sempre; egli deve conquistarla per la propria salvezza e per il bene della civiltà.

Le forze intellettuali e morali di una nazione di cento e più milioni d'abitanti, rideste appena alla vita ed al progresso civile, non possono e non debbono stagnarsi miseramente. Esse sono arra sicura che in un radioso avvenire raggiungeranno il loro sviluppo rigoglioso e meritato dopo tanti eroici sacrifici, dopo tante lotte cruente.

La Russia ha dato al mondo civile Pouchkine e Tolstoi, Veretchaguine e Aïvazovsky, Borodine, e RimskyKorsakoff, Antakolsky e Troubetzkoï senza contare una lunga serie interminabile di martiri che han lottato sino all'ultimo per il trionfo della verità della giustizia e della dignità umana.

Un tal popolo non deve sopportare più oltre che le sue più intime energie fattive siano soffocate per sempre sotto il giogo di un'esistenza resasi di giorno in giorno più insopportabile ed oscura; la Russia non deve più oltre soffrire questa umiliazione morale senza precedenti, impostagli dai suoi governanti collo Knout e la forca.

Dopo la disfatta passeggera, dopo la calma infida e preparatrice, il vessillo della libertà sventolerà di nuovo sul popolo russo risorto a nuova vita.

Per ora però, mentre dobbiamo attendere pazientemente quel giorno agognato in cui tutte le forze dei combattenti si saranno riunite per riprendere con novello ardore la lotta momentaneamente abbandonata, l'opinione pubblica ha il dovere e deve sostenere coloro che, prigionieri di guerra del governo russo, soffrono e muoiono nelle sue galere infami!

È ancora di ieri il tragico ricordo della fucilazione di Francisco Ferrer, il martire del libero pensiero.

Allora l'opinione pubblica non ha mancato di manifestare in modo indimenticabile e solenne, la sua ardente ed unanime commozione per il delitto di Montjuich....

Ma ciò che in Spagna fu un episodio isolato, in Russia accade tutti i giorni ininterrottamente da anni ed anni.

Si parla, si scrive, si grida, si protesta giustamente quando si tratta delle sofferenze degl'indigeni del Congo o degl'iniqui trattamenti inflitti agli abitanti dell'isola di San Tommaso.

Non dimentichiamo però i bagni penali russi, questo triste retaggio della barbarie medioevale, ove l'uomo non è soltanto un essere vinto ed incatenato, ma è anche e soprattutto un essere schiacciato fisicamente, la cui anima e la cui individualità sono morte per sempre, irrimediabilmente morte alla vita ed alla libertà.

Per quanto barbaro e selvaggio sia il governo russo, l'opinione pubblica europea, non è senza un grande valore per lui.

L'opinione pubblica europea se volesse, potrebbe facilmente mozzare le unghie alla belva insaziabile, che si pasce soltanto del sangue dei martiri innumeri.

Per venire in aiuto dei condannati politici russi e sopperire ai loro bisogni materiali, si è costituito a Parigi un Comitato di Soccorso, con sezioni a Bruxelles e ad Anversa.

Per qualsiasi schiarimento si prega di indirizzare al tesoriere del Comitato, Sig. M. D. Aïtoff, Paris, 13, Rue Michelet.

È a lui che dovranno essere inviate anche le offerte destinate ai prigionieri politici dei bagni penali russi.

Per il Belgio, scrivere a M.me Protopopoff, 68, rue Marie Henriette, Bruxelles.

M.r Bolotine, 96, Longue rue de Ruysbroeck, Anvers.